读客®三个圈经典社科文库

本本都有专家伴读，伴你啃透社科名著！

Marriage and Morals

婚姻与爱情

专家伴读版

［英］伯特兰·罗素 著

左安浦 译

读客三个圈经典社科文库

本本都有专家伴读，伴你啃透社科名著！

江苏凤凰文艺出版社

JIANGSU PHOENIX LITERATURE AND
ART PUBLISHING

图书在版编目（CIP）数据

婚姻与爱情：专家伴读版 /（英）伯特兰·罗素
(Bertrand Russell) 著；左安浦译 . —— 南京：江苏凤
凰文艺出版社 , 2024.6（2024.10 重印）
（读客三个圈经典社科文库）
ISBN 978-7-5594-8141-2

Ⅰ . ①婚… Ⅱ . ①伯… ②左… Ⅲ . ①婚姻 – 通俗读
物②爱情 – 通俗读物 Ⅳ . ① C913.1–49

中国国家版本馆 CIP 数据核字 (2024) 第 000025 号

婚姻与爱情：专家伴读版

[英] 伯特兰·罗素　著　　　左安浦　译

责任编辑	丁小卉
特约编辑	徐　成　　韩　静　　刘　芬　　尹开心
封面设计	王　晓　　余展鹏
责任印制	杨　丹
出版发行	江苏凤凰文艺出版社
	南京市中央路 165 号，邮编：210009
网　　址	http://www.jswenyi.com
印　　刷	三河市中晟雅豪印务有限公司
开　　本	880 毫米 ×1230 毫米 1/32
印　　张	8
字　　数	170 千字
版　　次	2024 年 6 月第 1 版
印　　次	2024 年 10 月第 4 次印刷
标准书号	ISBN 978-7-5594-8141-2
定　　价	49.90 元

穿越迷雾：关于婚姻的假象与真相

杜素娟

人类最勇敢的行为，也许并不是走上战场，而是走进婚姻。

婚姻其实是人类各种关系中最难维持的一种，因为它通常需要两个成年人终生同居，这绝对不是一件容易达成的事情。然而，社会对这种关系的稳定性，却往往有着最高的要求，以道德、法律、宗教、习俗等无形的方式，对这种关系进行加固，甚至捆绑。这种捆绑的确可以提升婚姻的牢固度，但也常常变成个人的梦魇。

在荷马史诗下部《奥德赛》中，珀涅罗珀的丈夫奥德修斯离家二十年，音信全无。尽管珀涅罗珀已经记不起丈夫的容貌，并且在这二十年里有不少机会可以发展一段新的感情，但她矢志不渝地等待着丈夫的归来。因此，珀涅罗珀被视为女性美德的典范。可是这种做法，对于女性的自我权利而言，真的是美德吗？

在毛姆写于1919年的小说《月亮与六便士》中，主人公思特里克兰德和自己的妻子在婚姻里逐渐变成了"一个屋檐下的陌生人"。在两个孩子分别长到十七岁和十三岁时，他终于决定离开这个家，为自己争取一个属于自己的后半生。可是直到今天，思特里克兰德的行为依然饱受骂名。面对婚姻中不再相爱的两个人，是让他们分开更道德，还是让他们捆绑终生更道德呢？

这些问题即便放在今天，似乎也很难期待一个人人都认同的答案。而现实生活中，无数人受到各种俗事的羁绊，徘徊在幸福的边缘，被爱情与婚姻中的种种问题困扰和折磨：

什么样的爱情才是真正的爱情？

婚姻真的是爱情的坟墓吗？

婚姻里可以无爱或无性吗？

如何才能让婚姻变得幸福？

……

关于这些问题的讨论数不胜数，相关著述也层出不穷。然而，真正能够经受住时间的考验，影响一代又一代男男女女的婚恋观的作品却不多，这本《婚姻与爱情》毫无疑问就是其中之一。

《婚姻与爱情》的作者是大名鼎鼎的哲学家、数学家和逻辑学家伯特兰·罗素。在书中，罗素为我们讲了一个最基本的道理：我们所沿袭和承载的有关爱情、婚姻、家庭和两性关系的道德规范、社会风俗等各类观念，都具有相对性。

所谓相对性，是指这些观念的产生既不是神意，也不是绝对真理，它们都有具体的成因：或是特定时代经济状况造成的结果，或是特定时代政治原因的反映，甚至还携带着既得利益群体的意志。这些本身带有局限性和特定性的道德规范和社会风俗，却被不合时宜地传递到已然改变的新时代，被不公平地施加于所有人的头脑之中。然而，被具有相对性的道德规范和风俗观念所控制的人们，却以为那就是神意，就是颠扑不破、不容置疑的绝对真理。

这几乎成了每个时代的人们都必须经历的精神禁锢。时代要发展，人们要获得精神的自由，实现自我的拯救，就必须穿越这重重迷雾。

《婚姻与爱情》的初版时间是1929年，距今已经近百年。但在我看来，它依然可以穿越百年岁月的隧道，解答我们今天的困惑。因为它具备一种强大的思辨力量，一种可以帮助我们穿越遮挡在我们眼前的那些迷雾的力量。

也许，这就是我们今天仍需要读《婚姻与爱情》的意义所在。

全书结构

《婚姻与爱情》全书共二十一章，内容并不宏大，话题和我们当下的生活息息相关。在书中，罗素以科学的立场，围绕性道德、爱情、婚姻、家庭等诸多主题展开讨论，其不少观点相当前卫，直到今天依旧能给予我们巨大的启示。

在《母系社会》《父权制》等章节中，罗素讲述了性道德产生的小秘密：母系社会为什么会转变为父系社会？女性贞洁观念在母系社会不见踪影，在父系社会却被大张旗鼓地强调，直到今天还在影响着男性和女性的道德观念，它真的是一种不容置疑的神圣道德吗？它背后有什么秘密和真相？

在《阳具崇拜、禁欲主义和罪》《基督教伦理》等章节中，罗素讲述了两性观念的一个奇怪转变：由于对人口的渴望，人类社会一直存在生育崇拜。可无论是东方还是西方，为何都出现了禁欲倾向？到底是什么群体喜欢宣扬"情欲有罪"的概念？这些群体这么做到底是出于什么目的？

在《浪漫爱情》《爱情在人类生活中的位置》等章节中，罗素讨论了爱情的问题。爱情的本质和规律是什么？爱情的重要性是什么？我们又该如何营造和维护一份珍贵的爱情？

在《婚姻》《现今的家庭》《家庭对个人心理的影响》《离婚》等章节中，罗素引导我们进一步思考：在夫妻、亲子的家庭关系中，为何会屡屡出现不幸？禁止离婚，真的是维持社会稳定和家庭幸福的合理手段吗？

在《性知识的禁忌》《卖淫》《性与个人幸福感》《性在人类价值中的位置》等章节中，罗素大胆地讨论了爱情、婚姻中的性关系问题。对性怀有深深的耻辱感的人，有能力缔结亲密的夫妻关系吗？人类社会为什么会出现卖淫的现象？性困扰只是个人的隐私问题吗？它在多大程度上影响着一个人的成长、一个家庭的幸福和一个社会的秩序？

更难能可贵的是，罗素还从婚恋问题延伸出去，讨论了更广阔的社会问题：女性如何才能真正解放？什么样的家庭才是真正对社会和国家有益的家庭？国家所要求的人口和优生，落实到每一个家庭，又意味着什么样的具体要求？

对于上述这些看似细碎却关乎每个人的幸福和生活质量的问题，《婚姻与爱情》都有通俗生动的讨论。如果想知道这些问题的答案，这会是一本既充满哲理，又通俗易懂的书。

下面，我们通过《婚姻与爱情》中谈得比较深入的几个问题来感受这本书的思辨力量。

"女贞"问题：看似神圣的道德，起因其实并不神圣

罗素努力让我们看到：人类的婚姻、家庭和两性关系的道德规范，这些看似特别私人的内容，其实是跟社会经济和政治的发展紧密结合的。政治体制会影响一个国家关于婚姻的法律规定，经济状况更是决定着一个社会的家庭结构和两性关系，从而形成特定的道德要求。明白这一点非常重要，它可以帮助我们克服那种面对不合理道德的恐惧。

无论是东方还是西方，有关婚姻、家庭和两性关系的道德体系对于女性的贞洁观念，都有着很高的要求。直到今天，道德对于女性群体的要求依然比男性群体更苛刻。通过制约女性，维持婚姻、家庭和两性关系的稳定，这在人类历史上是一种共识。直到今天，这种道德体系依然在影响着人们，甚至很多女性在潜意

识之中依旧维持这种认同。

问题是，这背后难道真的有某种天然的合理性吗？透过罗素为我们提供的人类学和社会学的视角，我们可以看到：对男性保持忠诚和贞洁并不是女性天然应具备的美德，这不过是符合父权制要求的律条罢了。

在人类的最初阶段，男性尚不知晓自己跟后代之间的生物学关系，因此，女性的生育被视为神迹。人口繁衍这种对于种族生存来说十分重要的事情，掌握在女性的手中，于是母系社会形成了。可想而知，在母系社会中，没有人会提出女性对男性应当保持从一而终的贞洁，更没有人会要求女性对男性应当保持忠诚和服从。在两性关系中，女性跟男性享有同样平等的配偶选择权。直到男性发现了自己跟后代之间的生物学关系，认识到后代来自自己的"种子"，"父亲"概念才应运而生。

当然，男性和女性的血脉在后代中各占50%的比例，斗争在所难免。在很多古代神话，特别是古希腊神话中，我们就能看到子女总是在母亲的鼓励下跟父亲斗争，但女性注定很难取胜。

女性为何很难取胜呢？是因为女性天然弱于男性吗？不对，是因为生产方式。越是低下的生产方式，女性相对于男性越会处于劣势，因为低下的生产方式依靠的是人力。耕种、狩猎，这些低下的生产方式，都跟女性能力特点不契合。女性肉体的力量偏弱，不仅有频繁且虚弱的生理期，更有漫长且脆弱的怀胎期。这就导致在以人力为主的生产方式里，在生存资料的产出上，女性没有办法胜过男性。所以，即便是在母系社会中，家族里掌管实权的也不是女性，而是她们的舅舅。这也可以解释，为什么越是落后的地区，父权制度和男权制度越稳固。女性平权的呼声，只能借助于生产方式的变革。所以，女性地位的提高，必须渴盼更高级的工业社会和科技社会的出现，而不是回到原始的母系社会。

于是，在那个以农耕和狩猎为主的漫长时代里，随着男性争夺后代占有权的意识萌发，女性逐渐沦为"第二性"。这就不是特别难以理解的事情了。

在那个需要人力的时代，男性一旦掌控对后代的拥有权，对于人口数量的渴望就应运而生。子女的数量，特别是代表核心劳动力的男性后代的数量，是男性自我力量的外延，没有人会对自我力量的膨胀设限。于是，"多子多福"这样的观念就泛滥开来，一夫多妻也被赋予了合法性。折射到女性身上，女性的价值就被限定在了生育上。一个不能生育的女人被视为残疾人和废人，饱受道德的诟病，得不到大众的同情；一个不能生育男性后代的女性，在家庭里受尽歧视，在舆论中处于劣势。直到今天，"女人要生孩子、生男孩、多生孩子、多生男孩"……这些来自人力耕种落后时代的道德观念和价值标准，就像存活了千年的幽灵，依然占据着网络技术支撑的现代世界。"一个女人只有生下孩子，人生才是完整的。"这种无声的规训直到今天也没有灭绝，甚至被很多女性自觉遵奉。

同样，在父权制形成之后，男性除了用子女的数量来扩充自己的力量外，对于通过繁衍子女来延续自己的生命也产生了空前的渴望，罗素把它称为"超越死亡的渴望"。于是，后代血统的纯正性就被提上了日程。一个男性，需要建构出以自己的血统为中心的子女系统，才能保证这种生命的延续超越死亡。可是，男性并不能亲自怀孕和分娩，如何保证身边那个能够到处走动的女人不会生出别人的孩子呢？于是，我们看到所谓的"妇德"在全世界各民族的文化中纷纷产生。

因此，无论是东方还是西方，女性都被关在了闺房之中。人们借助美德的旗帜，告诉女性什么是对的，并压制她们对于世界的好奇，禁止任何形式的对外探索，从而把女性教化得无知无识、愚不可及，甚至将其美化为"无才便是德"。在东方，很多女性一生除了父兄，几乎见不到别的男性；在西方，一个女孩只有到了交际年龄才会被父母放出去，去物色一个这辈子她要服侍终身的男性。在东方，这样的女孩被美誉为"大家闺秀"；在西方，她们得到的赞美是"淑女"。但她们共同失去的是生而应有的权利。

当然，相应的惩罚和定罪也应运而生。婚前失贞和婚后背叛都变成了女性最不可以犯的错误，不但被视为无法被原谅的失德，甚至会上升为罪恶，被处以各种各样的极刑。在雅典的戏剧中，我们看到背叛丈夫的妻子可以被儿子杀死；在有些地区，失贞的女性会被石头砸死；而在我们国家的历史中，直到民国，一个女性还会因为不贞和背叛的罪名而被当众沉潭。在处死这些女性时，没有人认为有什么不妥，因为这在道德上理所应当。

阅读罗素的这本书，我们可以更清晰地看到这些所谓"美德"以及相应惩戒的荒唐和自私，看清这一切背后的父权制的阴谋。

"性羞耻"问题：不合理道德被普遍执行的秘密

罗素认为，在婚姻、家庭甚至育儿中出现的很多问题，都跟人类的"性羞耻"密切相关。无论是在社会层面还是在家庭层面，"性羞耻"都被无声地传递，在东方或是西方都出现了形式不同但本质相同的禁欲现象。罗素认为，"性羞耻"无论是对婚姻关系、家庭育儿，还是对女性意识都有着深远的影响，可谓人类的伤害之源。

其一，"性羞耻"的最大受害者是女性群体。"性羞耻"是跟"贞洁观"紧密联结的，甚至可以说，让女性持有"性羞耻"，是保证她们遵循"贞洁观"的重要手段。因为"贞洁观"是来自男性群体的一种外在要求，如何让这种观念内化为女性群体的自觉追求，除了东西方共用的各种贞烈表彰之外，培养"性羞耻"是最普遍的教化手段。一个持有"性羞耻"的女性，会对性行为产生强烈的羞耻和恐惧，在面对自身天然的情欲时，她会出现自觉的压抑甚至反感的行为，这就在最大程度上减小了伤风败俗事件的发生概率。更重要的是，对于因为各种原因未能保持贞洁的女性而言，"性羞耻"还会让她们产生强烈的自卑、自厌心理，造成自我惩罚甚至自残的行为。因此，女性解放的道路格外艰难，就在于不仅要破除社会施加于她们身上的不合理、不公正的贞洁观念，同时也要破除她们内心所持有的"性羞耻"。事实上，直到今天，这个问题也未能在社会中完全清除。"贞洁观"和"性羞耻"依然控制着很多女性的潜意识，造成她们无法自解的心灵苦难。

其二，"性羞耻"的控制对象从女性蔓延到男性，社会普遍性的"禁欲"现象出现了。这种现象在东方和西方社会都发生过。"性羞耻"让男性出现了和女性一样的自我压抑和否定，无法面对自己的生理属性，甚至产生自卑和自我不洁的意识，从而造成自我心理的扭曲。正如罗素的分析，他们无法接受自己的生理冲动，但也无法压制它，所以常常表现为对异性的潜在鄙视，认为自己的失控行为源自女性邪恶的诱惑。这造成了男性常见的群体心理：面对具有诱惑力的女性，他们既被吸引，又难掩鄙视之情。而这类女性在西方常常被视为女巫或女妖，在东方则被视为红颜祸水。这种扭曲的性心理，甚至会被带进婚姻生活。一个对性有羞耻感的男性，很难从容又温柔地对待自己的妻子，他不是表现为冷淡，就是表现为粗暴，最终损害家庭的幸福。

其三，"性羞耻"也会伤害孩子。出于"性羞耻"的群体心理，社会和家庭都会对性知识避而不谈，讳莫如深。极端的社会和群体，甚至会禁止所有跟性内容有关的话题、字眼和词汇。人们用谎言遮掩关于生命真实来源的知识，对下一代屏蔽所有关于性的信息，甚至涉及性知识的医学普及书都会被认为是淫秽的。罗素认为这些做法是极其危险且有害的，因为屏蔽性知识并不能如人所愿，遏制不正当的性行为的发生。事实上，对于性的无知和愚昧，只会助长人旺盛的好奇心，而这种好奇心又没有办法用正当的方式满足，因此，很多扭曲病态的性心理和性行为都会被激发出来。更要命的是，因为每一代人都无法用正常的、坦然的方式获得性知识，关于性的一切会被再次蒙上"肮脏""羞耻"的暗影，变成群体共同的性心理和性态度。当成年男女带着这种影响步入社会时，他们就很难用正常的方式尊重性，甚至也不会尊重婚姻。因为在他们的内心深处，性关系是不洁且令人恶心的。即便他们拥有正常的性生活，道德上的耻辱感也会惩罚他们，让他们对自己的行为始终暗怀愧疚和羞耻。至于那些连在正常的两性关系中都无法得到满足的人，更是会陷入手足无措的心理窘境，甚至发生性心理的压抑、扭曲和变态。

在罗素看来，"性羞耻"心理的产生，在根源上就是病态的，是掌握着话语权的少数群体的独断和偏见的产物，甚至是他们自身性无能的表现。他在第四章和第五章论述了这一点。在以农业和畜牧业为主的时代里，人口是如此重要，为何会出现"禁欲"这样的道德原则，以及"情欲不洁甚至有罪"这样的道德认知呢？罗素提出了很有趣的看法。他认为，能够制定道德原则和标准，并把它逐步推广到社会中去应用，这件事只有掌握话语权的群体才能做到。那么，什么样的群体在掌握话语权时会禁止情欲呢？那一定是在性竞争中处于劣势的群体。由此他得出结论：禁欲思想的出现跟两个群体有关，一个是老年男性群体，另一个是僧侣群体。

族群中的老年男性群体，他们握有话语权，特别是各种规范原则的制定权和解释权，但在两性关系中他们已经处于劣势。这个群体就会对于旺盛的情欲和强大的性竞争力，产生反感和敌视，罗素称之为"嫉妒"。嫉妒令人面目全非，于是把情欲定义为罪孽、不洁这件事，就可以理解了。

僧侣大多需要通过保持独身来苦修。由于僧侣在宗教时代同样是握有话语权的群体，他们的看法和观念自然影响力巨大。于是这种基于少数群体心理和需求的独断和执念，就这样被推广到大众群体中，形成了普遍存在的禁欲倾向。

在《婚姻与爱情》中，罗素指出，要想帮助人类不再沉迷于情欲，真正该做的不是把它打入牢狱、贴上有罪的标签，而是恰如其分地赋予其合理性。人类可以像对待食物一样对待性。虽然没有性，人类也可以存活，但从心理上而言，人类渴望性的满足就像渴望食物和水的满足一样是正当且合理的。禁止它的存在和发生，不过是像美国曾经实施过的禁酒法案一样，只会培养更多沉迷酒精的人。在历史上，每一个严苛禁欲的时代过后，都会出现一段狂乱纵欲的时期，背后隐藏的其实是同样的人性逻辑。人为制造饥渴，只会带来更大的狂乱；宣判欲望有罪，只会带来更多的迷茫和病变。反对禁欲并不等同于提倡乱性，这是不同层面的两个问题。因为禁欲是违背人性的，只会给人类社会和个体心理带来持久的创伤。

罗素认为，对于性的问题，我们不应该审判，而应该引导——就像引导健康饮食一样，引导健康的性观念，让人们既能坦然享受，又能理性选择、自律自控。这需要健康的社会文化的引导，学校和家庭教育的变革与思考。同样，塑造健康多样的社会价值观念，为人类提供多元化的人生追求和梦想的空间，也是帮助人类在生物本能的基础上实现自我升华的关键。从历史上来看，人类对于动物性需求的沉迷，往往发生在精神空虚和迷茫的时代。当一个时代不能为人提供更丰富的精神空间，不能让人在追求梦想中得到乐趣、在创造中得到充盈的体验，人就很容易因为精神的迷茫和空虚，沉溺于颓废的食色之中。

罗素坚定地认为，人类的世界里最美好的事物并非都与性有关，尽管人类不能脱离性本能的制约，但与性本能无关的美好事物依然普遍存在。给予正向情绪价值的情感、给人精神充实的文化追求、带给人创造喜悦的科学和艺术、让人充满活力的生活乐趣和工作热情……这些都可以让人进入精神追求的层面。但假如在一个社会中，这些内容是废弛的，那么，就算实施最严苛的禁欲令，人类依然会跌入物欲和肉欲的黑暗深渊。

"离婚"问题：那些关于家庭缔结和结束的道德

罗素认为，允许离婚，接受离婚率的升高，既是文明程度提升的表现，也是尊重人性的表现。期盼整个社会中的婚姻维持稳定的状态，其实需要几个条件。一个是人与人之间区别不大，也就是人的个性标志度很低，没有属于自己的鲜明个性，没有独特的观点和见解。在这样的情况下，婚姻的总体状况就会变得稳定。因为这种社会里的人们对配偶的要求往往比较简单，很多时候能够合作生育、繁衍后代即可。但是，随着文明程度的提升，人们的个性意识开始变强，拥有了独立的思想和见解，对于生活方式、生活态度、精神体验有了更高的要求，人与人的结合和相处就会变得困难。人们对配偶的要求，不只是能够合作生育这么简单，还要志趣相投、灵魂契合。个性意识的萌发和提升，也让人们不愿牺牲自己，而开始注重自身的感受和体验，希望按自己的心愿度过一生。在这种情况下，婚姻多变就成了常见的事情。

同样的道理，在环境封闭、人际圈子狭小、观念陈旧且牢固的情况下，婚姻一旦达成就会很稳定。因为人们没有什么体验激情和想象的余地，也没有更多选择的空间，人们自然更容易安于虽然乏味但又无可选择的境地。但只要环境开阔，人口流动性增大，人的交往范围不断拓展，维持婚姻的稳定就会变得困难。

如果了解这些情况，就不会认为婚姻稳定一定是百分之百利于社会发展和个人幸福的事情。在罗素看来，婚姻变动率的上升，是文明发展的必然结果。首先，个性权利意识和自由意识的萌发，跟本身就会带来约束和压制的责任义务，是一组潜在的矛盾，它们让人感到痛苦。正如罗素所言，如果说爱某人是你的责任，那么你一定会恨这个人。于是，婚姻作为爱和法律约束的结合体，常常会两头落空。其次，人们对于情感体验的更高要求，跟婚姻生活天然存在的单调、重复和乏味，是另一组潜在的矛盾。他认为，如果把一个人的心灵关闭在婚姻之内，拒绝任何来自别处的爱，他的感受能力、同情心，以及获得与他人有价值交流的机会都将减少。个性权利意识、自由意识，以及拥有美好情感体验的要求，在现代社会里毫无疑问是美好的。这些美好的东西跟婚姻发生冲突，虽然让现代婚姻遇到很大的挑战，但应对这种挑战的方式，应当是制定出更为人性化的道德原则和法律制度，而不是将其束缚在文明程度较低的社会状态下，去维持所谓的婚姻稳定。

如果无视这一切，硬性地禁止离婚，人为地追求低离婚率，最终只能带来一个残忍的现实。比如，在欧美漫长的历史时期里，离婚是不被允许的，哪怕双方已经完全没有了感情，甚至互相憎恨。这种对于离婚的禁止和反对，除了增加数量巨大的无爱婚姻，其实没有任何正面的作用。

无爱的婚姻虽然能够降低社会的离婚率，对于正常人而言却是极大的伤害。在这种婚姻里，人们生活在暗无天日的牢笼里，找不到人生的乐趣，看不到生活的希望，无穷无尽地产生各种负面的情绪。由于无爱的婚姻全靠责任捆绑，所以陷入婚姻死局而无法逃脱的人们，也会产生对于责任的痛恨，轻则造成家庭中的暴戾人格，重则导致社会群体生活中的暴力倾向。从痛苦婚姻里产生出的苦闷、偏执、疯癫、暴躁的人格，很多时候伤害的不只是家人，还会变成一种危害群体和社会的潜在因素。

无爱的婚姻不只伤害夫妻双方，更伤害无辜的孩子。认为孩子在无爱的婚姻中成长比在父母离异的家庭中成长要好的观点，是十分愚昧且错误的。在无爱的婚姻家庭中，孩子会生活在不安和压抑的环境之中，要么造成他们胆小、懦弱、缺乏安全感的性格，要么造成自卑、疑虑、阴郁等缺乏自我认同的性格，甚至在他们成年后，会导致人际关系缔结的困难，以及对情感的信心丧失和对婚姻的恐惧。更可怕的是，由于在无爱的婚姻中，夫妻双方都无法正常地得到情感的满足，他们对于孩子的爱，也往往无法正常地给予。苦闷的父亲有可能暴露出不近情理的控制欲；寂寞的母亲有可能用不正当的方式把情感寄托于孩子，使得孩子产生恋母情结，从而阻碍孩子自我意识的健康发展。

从整个社会层面而言，当乏味无趣甚至令人窒息的婚姻成为一种社会常态，人们对于婚姻的质疑、反感和恐惧，都将无法避免。假如婚姻陷入死局，却不能得到法律和道德的支持，从而自由地选择离散，那么这种婚姻带来的威胁会更为明确，社会层面恐惧婚姻的人群必然会更为庞大。就像罗素的举例，在漫长的历史时期，欧美社会都给离婚设置了很苛刻的条件，只有当一方被彻底遗弃，或是一方与他人私通，人们才能离婚。这样的设置，结果十分荒唐：为了离婚，社会上出现了不少故意的遗弃和私通。

罗素认为，要通过维持家庭的稳定来实现社会的稳定，绝对不能通过禁止和歧视离婚来实现，那是百害而无一利的事情。真正的正确做法，是通过各种教育提升婚姻家庭的质量。比如在《爱情在人类生活中的位置》一章中，罗素就详细谈到如何在婚姻中建设和维护爱情，只有在爱的基础上形成的稳定婚姻，才是有价值的。通过法律或道德的压力，强迫人们留在无爱的婚姻里，这种所谓的稳定婚姻毫无意义，并且这种情况下产生的低离婚率，不过证明了这个社会的残忍程度。

罗素更为大胆地指出，婚姻这种形式本身就带有时代局限性。他认为，随着生产力的发展、女性独立生存能力的大幅度提升、社会教育体系和福利制度的健全，婚姻家庭这种组队生存和育儿的方式有可能受到根本性的冲击。婚姻家庭的存在，主要是源自情感需求、经济需求和育儿需求。随着人类个性意识的发展、生活方式的多元化，通过婚姻得到情绪价值、情感满足的难度会逐渐增加。随着女性积极独立能力的不断提升、科技社会的出现、社会福利的支撑，罗素认为，在未来，女性也许可以和国家合作来养育孩子，而不是跟男性。单亲育儿模式将会逐渐扩大。虽然双亲制家庭仍是社会的主流，但未来家庭模式的变革也将成为必然。

结　语

虽然我们只是摘选了《婚姻与爱情》中的部分内容进行解读，但是已经可以看到罗素对于围绕婚姻家庭产生的道德体系的冷静思考。也许这本写于百年前的书，不能解答当下婚姻家庭中的所有困惑和问题，但它所提供的一种尊重人性、把人看作人的道德立场和态度，却是帮助我们省视自身的最好角度。

按照这种角度，我们可以更确定地知晓，真正美好的道德是用来帮助人类过上更好的生活，而不是用来扭曲和压抑人类，使他们在教条的规训下远离幸福和自由的。通过分析、考察道德的起源，我们也就能更为深入地了解自身道德的相对性，看到这些传递至今的道德背后隐藏着怎样的动机和目的。对于那些正在被盲目奉行的道德教条，我们应当拥有科学而理性的认知，保留那些依然可以帮助我们实现和谐美好生活的规范，摆脱那些披着美德的外衣，却违背人性、剥夺个人正当权益的道德糟粕。

正如罗素所言，我认为，每个时代都需要生长出真正健康的、契合自身时代特点和人类需求的"新道德"。无论这个"新道德"会有多少特点，但有一点应该是共同的，那就是人类的自然本能和天然的人性应该被训练，而不是被压抑、被扭曲。

目　录

第一章
引　言

　　无论是描述古代社会还是现代社会，都有极其重要且密切关联的两个要素：一个是经济制度，另一个是家庭制度。目前有两个影响深远的思想流派，一个是马克思学派，认为一切都起源于经济；另一个是弗洛伊德学派，主张万事都发轫于家庭或性。我不属于其中任何一派，因为从因果效应[1]的角度看，经济和性的相互关联并不能让我确定哪一个更重要。举个例子，工业革命已经并将继续对性道德产生深远的影响，这是毫无疑问的；但反过来，清教徒的性道德对工业革命而言是必要的心理导因。我不打算把经济因素或性因素放在首位，事实上，我也无法明确地把它们分开。在本质上，经济与获取食物有关，但人类获取食物很少

---

[1]　译者注：因果效应（causal efficacy）是罗素的老师怀特海（Alfred North Whitehead，1861—1947）提出的哲学概念。怀特海认为存在两种知觉模式，一种是"直接呈现"（presentational immediacy），强调经验和感知；另一种是"因果效应"，强调因果关系和影响。

只是为了自己。人类对食物的需求是为了家庭，而且随着家庭制度的变化，经济动机也在改变。很明显，如果按照柏拉图在《理想国》（*The Republic*）中的描述，把孩子从父母身边带走，交给国家抚养，那么不仅仅是人寿保险，大部分私人储蓄几乎都会停止。也就是说，如果国家要扮演父亲的角色，国家也会理所当然地成为唯一的资本家。彻底的共产主义者通常会主张一种相反的观点，即如果国家成为唯一的资本家，我们所熟知的家庭就无法存在。但就算这个想法太过极端，我们也不能否认私有财产与家庭的紧密联系，这种联系是相互的，我们不能说哪个是因，哪个是果。

　　社会的性道德包含几个层面。首先是体现在法律中规定的制度。例如，有些国家实行一夫一妻制，有些国家实行多配偶制。其次是法律不干预但舆论很重视的层面。最后是个人自行决定的层面，即使这个层面的内容在理论上并不涉及，但它存在于实践中。除苏联外，在世界上的所有国家，在历史上的任何时期，都不存在通过理性思考决定性道德和性制度的情况。但我并不是说苏联的制度在这方面就是完美的；我只是说，苏联的制度不是迷信和传统的产物，而历史上其他所有国家的制度至少在一定程度上受迷信和传统的影响。从总体幸福和幸福感的角度确定什么是最好的性道德，这是一个极其复杂的问题，答案会取决于多种情况。发达的工业社会将不同于原始的农业社会，医疗先进、死亡率低的地方也不同于疫病流行、大部分人活不到成年的地方。也许了解得更多，我们才能认识到，最好的性道德在不同的气候条件下会有所不同，在不同的饮食环境中也会有所不同。

性道德的影响是多方面的——个人、夫妻、家庭、国家和国际。当然，有些方面的影响是好的，有些方面的影响是坏的。我们必须周全地考虑所有方面，才能公正地评判一个具体的制度。首先是纯个人的：这方面的影响是精神分析所考虑的。我们不仅要关注在道德准则熏陶下的成年人的行为模式，也要关注旨在让人遵守道德准则的早期教育。众所周知，在性道德领域，早期禁忌可能产生非常奇怪的间接影响。在这一阶段，我们关注的是个人幸福感，下一阶段的问题才涉及男女关系。很明显，有些性关系比其他性关系更有价值。大多数人都会同意，触及心灵的性关系比纯粹的肉体关系更美好。事实上，以下观点已经从诗人的词句演变成了文明男女的共识：随着恋人的个性更多地融入其中，爱情的价值也会相应地增加。诗人还教导大众，更强烈的爱情具有更高的价值。然而，这是一个有争议的问题。大多数现代人都会同意，爱情应该是一种平等的关系，如果没有特殊的理由，多配偶制不能被视为一种理想的制度。在这个阶段，有必要同时考虑婚姻关系和婚外关系，因为无论盛行何种婚姻制度，婚外关系都会相应地改变。

接下来讨论的是家庭问题。不同的时代和地方存在过许多不同类型的家庭，但父权制家庭占大多数，而且一夫一妻的父权制家庭相比于多配偶的父权制家庭要越来越盛行。在基督教出现以前，西方文明就存在性道德，它最开始是为了确保一定程度的女性忠贞，否则人们就无法确定父系[1]，父权制家庭也就不可能存在。在此基础上，基督教增加了对男性忠贞的要求，这在心理上源自禁欲主义。但最近一段时间，女性的嫉妒成了更主要的原因，而女性解放使这种嫉妒更具力量感。后一个原因似乎是暂时的，因为如果我们从表面上判断，女性倾向于选择一种允许两性自由的制度，而不是一种将迄今为止只有女性受到的限制强加给男性的制度。

然而，一夫一妻制的家庭也有许多不同的类型。有些婚姻由夫妻双方决定，有些婚姻由父母决定；有些国家可以买卖新娘，有些国家可以买卖新郎，后者比如法国。此外，在离婚问题上也可能有许多不同的看法：天主教禁止离婚是一个极端，古代中国的法律允许丈夫以"多言"为由休妻则是另一个极端[2]。动物和人类的两性关系中都会出现忠贞不渝或者类似的情形，为了延续物种，雄性有必要参与抚育后代的工作。例如，鸟类必须不间断地坐在鸟蛋上使它们保暖，同时必须在一天中花很多时间觅食。对于许多鸟类来说，一只鸟不可能同时做到这两点，所以雄鸟的合作是不可或缺的，因而大多数鸟类堪称忠贞的典范。在人类的世界，特别是在动荡的时代和骚乱的人群中，父亲的协作对于后代而言是巨大的生物学优势。但随着现代文明的发展，父亲的角色

---

[1] 译者注：父系（paternity）强调的是生物学上的父子关系，或者一个男性被认定为孩子的父亲；与之类似的概念是父职（fatherhood），强调的是作为父亲的角色和责任。

[2] 译者注：在汉代的《大戴礼记》中，丈夫可以用七种理由休妻，分别是不顺父母、无子、淫、妒、有恶疾、多言、窃盗。这在唐代后演变为"七出"。其中的"淫"大致相当于本书中经常出现的"通奸"。

逐渐被国家取代，我们有理由认为，父亲的生物学优势可能维持不了多久——至少在工薪阶层中是这样。如果发生这种情况，我们必须预料到传统道德的彻底崩溃，因为母亲也不需要确定谁是她孩子无可置疑的生父。柏拉图要求我们更进一步，认为国家不仅要取代父亲的位置，甚至要取代母亲的位置。我个人不太赞赏国家这个制度，也很难感受到孤儿院里有什么乐趣，所以我并不热衷于这项计划。当然，经济力量有可能促使柏拉图的想法在某种程度上被采纳。

法律在两个不同的方面与性有关：一方面是强制执行社会认可的任何性道德；另一方面是保护个体在性方面的一般权利。后者有两个部分：一是保护妇女和未成年人免受侵害和剥削；二是预防性病。这两个部分都没有得到应有的重视，所以也没有被有效执行。对于前者，与"白奴贸易"有关的歇斯底里的运动导致了相关法律的通过，这些法律很容易让职业罪犯逃脱，且为他们敲诈无害之人提供了机会。[1]对于后者，"得性病的人罪有应得"这一观点阻碍了人们从纯粹医学的角度采取有效的措施，而"性病是可耻的"这一普遍态度导致人们隐瞒性病，因此得不到及时的或充分的治疗。

接下来讨论的是人口问题。人口是一个很大的问题，必须从

---

[1] 译者注：这里的"法律"是指1910年通过的《禁止贩卖妇女为娼法》（White-Slave Traffic Act），又名《曼恩法》。该法案禁止在州际或国际"因卖淫等不道德的目的而运送妇女的行为，或者明知他人实施上述行为而为其提供帮助"。然而，"不道德"这样的含糊措辞会包含自愿卖淫者以及有外遇的男性和女性，这就是本书所说的"无害之人"。

很多方面加以考虑。首先是卫生方面，包括母亲的健康、儿童的健康，以及大家庭和小家庭分别对儿童性格的心理影响。然后是经济方面，包括个人经济和公共经济，一个家庭或社会的人均财富，与家庭规模或社会出生率之间的关系。与此相关的问题是，人口问题如何影响国际政治与世界和平。最后是优生方面，即通过社会各阶层不同的出生率和死亡率来改善或劣化人种。除非用上述视角逐一加以检验，否则没有一种性道德可以被笃定地认为是正当的或危险的。改良者和守旧者都习惯于只从一个或至多两个方面来考虑问题。个人视角和政治视角极少在某一个方面达成统一，我们无法判断哪一个更加重要。我们也不能先验地保证，个人视角下的好制度在政治视角下也是好制度，反之亦然。我相信，在大多数时代和大多数地方，模糊的心理动力促使人们采纳了一些包含完全不必要的残酷行为的制度，即使在当今最文明的种族中也是如此。我还认为，无论从个人视角还是从公共视角看，医疗和卫生的进步使性道德发生了令人满意的变革，但正如之前所说，国家在教育中的作用越来越大，使父亲的重要性逐渐降到历史最低。因此，我们在批判当前的性道德时有双重的任务：一方面，我们必须消除往往存在于潜意识中的迷信；另一方面，我们必须考虑使过去之智慧沦为今日之愚昧的全新因素。

为了理解现存的制度，首先，我将考察过去存在的制度，以及文明程度较低的人类社会中仍然存在的制度；然后，我将描述目前在西方文明中流行的制度；最后，我会探讨该制度在哪些方面应该修改，以及我为什么希望修改。

母系社会就是女性掌权吗？

杜素娟

　　读完这一章，我们会得到一个很明确的认知：真正能够让女性获得平等对待的，绝不是原始的母系社会，而是更发达的工业社会和科技社会。

　　尽管在母系社会中，女性获得了跟男性平等的地位以及相同的自由权，但女性天然的生理弱势让她们掌权的根基不稳。我们会发现一个值得注意的现象，那就是在原始的母系社会中，虽然没有"父权"和"夫权"，但存在"舅权"。也就是说，在母系社会中真正握有实权的人，依然是男性。虽然女性能够平等地参加劳动，但只要社会的主要生产方式是狩猎和农耕这样的体力劳动，女性的体能弱势就会让她们无法跟男性比肩，何况女性还有漫长且脆弱的怀胎期。

　　在人类发展史上之所以会出现母系社会，主要是因为人们的生理知识存在认知盲区。在很长一个时期内，男性不了解自己跟后代的生物学关系，人们相信是神灵带来了孩子并把他们放在母亲的身体里。在古希腊神话中，混沌神卡俄斯自身分裂产生了地母盖娅，地母盖娅自身分裂产生了天空之神乌拉诺斯；在希伯来传说中，处女玛利亚产下耶稣；在中国神话中，华胥踩脚印生下伏羲，附宝感应星斗生下黄帝。诸如此类的感应怀孕的传说，都折射出这种原始的生育理解，且远古神也大多是女神。这种生物学知识的欠缺，让女性在人口繁衍方面居于很高的地位，可即便如此，决定谁在家族中最被依赖和器重的因素却是食物的"收获力"。因此，虽然家族中年龄最大的女性得到了最高的地位，但管理家族事务的实权依然落在家族的男性，也就是"舅舅"的手中。

读懂了这些，我们不难推测，女性要得到尊重，其价值要得到充分的彰显，回归原始的母系社会绝对不是正解。女性的弱势主要体现在体力劳动上。工业革命之后，社会劳动方式不再以体力劳动为主，相应地，女性的地位也开始大幅度上升，女性才能够脱颖而出。读了这一章，也许我们可以得到一个重要的启发：要推动女性的解放，促使两性平等，在解放观念的同时，推动科技革命和信息革命的发生、发展，也是十分必要的。科技革命和信息革命让女性在体力上的弱势不再成为她们展示自己才华的障碍，两性也才可以在更平等的平台上竞争。

第二章
母系社会

　　婚姻习俗一直是三种因素的结合，大致可以分为本能、经济和宗教。我并不是说它们可以被明确地区分，正如它们在其他领域也无法被明确地区分一样。商店在星期天停业是一个起源于宗教的事实，但现在它也是一个经济事实，许多涉及性的法律和习俗都是如此。一种起源于宗教的有用习俗，在其宗教基础被破坏后，往往会因为实用性而得以保留。我们也很难区分宗教因素和本能因素。那些深刻影响人类行为的宗教通常都具有一些本能的基础。然而，我们可以根据传统的重要性，以及下面这个事实对它们进行区分：对于本能上有可能的各种行为，宗教偏爱其中的某些。例如，爱和嫉妒都是本能的情感，但宗教规定嫉妒是一种社会应该予以支持的高尚情感，而爱顶多是一种可容许的情感。

　　两性关系中的本能因素比人们通常认为的要少得多。我不打算在本书中深入地探究人类学，除非我必须用它解释现今的问题。但在其中一个方面，人类学对于明确本书主旨是必不可少的，即解释那些按理说违背我们本能的做法，为何能够长期存在且没有引起严重或明显的本能冲突。例如，牧师有权（有时是公开）夺取处女的初夜，这种做法不仅在蛮野人[1]中，而且在一些相对文明的种族中都很普遍。在基督教国家，人们认为初夜权是新郎的特权，至少在近代以前，大多数基督徒对宗教中的初夜权习俗有一种本能的厌恶。现代欧洲人似乎本能地反感那种用妻子"款待"客人的做法，但这种做法非常普遍。即便是不识字的白人，也会觉得多配偶制是一种违背人性的习俗。杀婴的行为似乎更加违背人性，但事实表明，只要在经济上有利，人们会毫不犹豫地这么做。人类的本能非常模糊，很容易偏离自然的轨迹。蛮野人和文明人都是如此。人类有关性的行为非常灵活，其实不太适合用"本能"这个词来形容。从严格的心理学意义上讲，在这个领域中唯一能称为本能的行为，是婴儿的吮吸动作。我不知道蛮野人的情况如何，但文明人必须学习如何完成性行为。结婚多年的夫妻向医生求教如何怀孕，检查时却发现这些夫妻根本不知道如何性交——这样的事情并不少见。因此，从最严格的意义上讲，性行为并不是出于本能的，尽管存在一种要发生性行为的自然趋势，以及一种没有性行为就很难满足的欲望。的确，在其他动物身上发现的那种精确的行为模式并没有出现在人类身上，

---

[1] 译者注：李安宅先生在翻译《蛮野社会中的性与压抑》（本书的正式出版名为《两性社会学》）时将"savage"一词翻译成"蛮野"而非"野蛮"，因为他认为后者有明显的贬义，本书译文沿用了这个译法。相应地，"barbarian"一词在本书中翻译为"野蛮人"。

某种相当不同的东西取代了那种意义上的本能。人类首先产生了一种不满足，这种不满足导致了多少有些随意和缺憾的活动，但这些活动逐渐地，往往是意外地转变成一种带来满足的活动，人类因此不断地重复这种活动。所谓的"本能"，与其说是一种生来就会的活动，不如说是一种想要学习这种活动的冲动，而且一般来说，这种带来满足的活动绝不是天生就决定的。但通常情况下，在生理上最有利的活动就会带来最大的满足，只要这种活动在养成相反的习惯之前就已经掌握。

　　既然所有的现代文明社会都是基于父权制家庭，既然女性忠贞的整体概念是为了实现父权制家庭而确立，那么我们就很有必要探究产生父爱的自然冲动是什么。没有深思熟虑过的人，很容易把这个问题想得过于简单。母亲对孩子的感情很容易理解，因为至少在断奶前他们有一种亲密的身体联系。但父亲与孩子的关系是间接的、假定的和推论出来的：它离不开对妻子忠贞的信任，由于过于理性而不能被视为本能。若要用本能来解释，除非人们认为男性只对自己的亲生孩子有父爱。但事实并非如此。美拉尼西亚人不知道自己有父亲，但在他们中间，父亲对孩子的喜爱程度，并不亚于那些知道谁是自己亲生孩子的父亲。马林诺夫斯基关于特罗布里恩群岛岛民的书给父权心理学带来了巨大的启示。[1]要理解我们称之为"父系"的复杂情感，他的这三本书是必不可少的：《蛮野社会

---

[1] 译者注：布罗尼斯拉夫·马林诺夫斯基（Bronislaw Malinowski，1884—1942），波兰裔英国人类学家。特罗布里恩群岛，太平洋上的群岛，位于今天的巴布亚新几内亚。

中的性与压抑》（*Sex and Repression in Savage Society*）、《原始心理学中的父亲》（*The Father in Primitive Psychology*）和《美拉尼西亚西北部蛮野人的性生活》（*The Sexual Life of Savages in North-West Melanesia*）。[1]事实上，一个男人对孩子感兴趣，有两个完全不同的原因：他相信这是他自己的孩子，或者他知道这是他妻子的孩子。第二种动机只有在不知道孩子生父是谁的地方才会起作用。

马林诺夫斯基无可争辩地证明了一个事实：特罗布里恩群岛岛民不知道父亲的存在。例如，马林诺夫斯基发现，当一个男人出海一年以上，回来时发现自己的妻子有了一个刚出世的孩子，他会非常高兴，他完全无法理解欧洲人暗示说他的妻子对他不忠。也许更有说服力的是，马林诺夫斯基发现拥有优良猪种的人会阉割所有的公猪，他们无法理解这意味着猪种的劣化。他们以为是神灵把孩子放在母亲体内。他们知道处女不可能怀孕，但认为原因是处女膜作为物理屏障阻碍了神灵的活动。未婚男女过着完全自由恋爱的生活，但由于某种未知的原因，未婚女性很少怀孕。怪异的是，他们认为未婚女性怀孕是一件可耻的事情，尽管在当地人看来，这些女性所做的一切都不是她们怀孕的原因。女孩迟早会厌倦多个男人，并选择与一个男人结婚。她搬到丈夫的村子，但她和她的孩子仍然被认为属于她原来的那个村子。他们不认为她的丈夫和她的孩子有血缘关系，血统只能通过母系来追

---

[1]　译者注：这三个书名都是根据英文书名直译，与已出版的中文著作不完全相同。

溯。在其他地方，由父亲行使管教孩子的权力，而在特罗布里恩群岛，这项权力属于舅舅。然而，此处有一个非常奇怪的复杂现象。兄妹或姐弟之间的禁忌非常严格，以至于长大之后，他们绝不能在一起谈论哪怕与性关联很小的话题。因此，虽然舅舅有管教孩子的权力，但他很少见到他们，除非孩子离开母亲和家。这种令人羡慕的制度确保孩子可以获得一种绝无仅有的自由之爱。父亲与孩子玩耍，对孩子友善，却无权命令他们；舅舅有权命令他们，却无权在场。

奇怪的是，虽然他们相信孩子和母亲的丈夫之间没有血缘关系，却认为孩子更像母亲的丈夫，而不是像母亲或者像母亲的兄弟姐妹。事实上，指出兄妹或姐弟之间，或者母子或母女之间的相似性是非常不礼貌的，即便是最明显的相似之处也会遭到强烈否认。马林诺夫斯基认为，正是这种"孩子像父亲而不是像母亲"的信念激发了父亲对孩子的爱。马林诺夫斯基发现，这种父子关系比文明人之间的父子关系更加和睦、更加深情，而且理所当然地，他没有发现俄狄浦斯情结[1]的痕迹。

马林诺夫斯基发现，即使他尽了最大的努力，也无法说服岛上的朋友相信"父系"这种东西。他们认为这是传教士编造的愚蠢故事。基督教是一种父权制宗教，那些不认可父职的人无论在情感上还是理智上都无法理解基督教。"圣父"应该被称为"圣舅"，但即使这样也没有表达出正确的含义，因为父职意味着权

---

[1] 译者注：俄狄浦斯情结，源自希腊神话中的俄狄浦斯弑父娶母的故事，弗洛伊德将其总结为"恋母情结"。但本文中更强调"弑父"的层面。

力和爱，而在美拉尼西亚，舅舅拥有权力，父亲拥有爱。特罗布里恩群岛岛民也无法接受"男人是上帝之子"这一观念，因为他们认为所有人都是女性的孩子。因此，传教士必须先处理这些生理学的事实，然后才能继续传教。从马林诺夫斯基的例子可以推断出，传教士没有完成前一个任务，所以无法继续传播福音。

马林诺夫斯基认为——我相信这个观点一定是对的——如果一个男人在妻子怀孕和分娩时陪伴左右，那么当孩子出生时，他会本能地倾向于喜欢那个孩子，这是父爱的基础。他写道："人类的父系乍一看似乎完全没有生物学基础，但我们可以证明，它深深地根植于先天禀赋和生物需求之中。"相反，如果妻子怀孕时丈夫不在身边，他最开始不会本能地喜欢那个孩子，但是，如果习俗和部落伦理把他和妻子、孩子联系起来，他就会产生感情，就像他始终陪伴在妻子身边时一样。对于所有重要的人际关系，社会认可的某些行为仅靠本能的力量不足以持续推动，还需要通过社会道德强制执行，蛮野人之间也是如此。习俗要求母亲的丈夫在孩子年幼时照顾和保护他们，这一习俗不难执行，因为它通常是符合本能的。

马林诺夫斯基用"本能"解释美拉尼西亚人中父亲对孩子的态度；我认为，这种本能比他在书中表现得更为普遍。无论是男人还是女人，都倾向于喜欢必须亲自照顾的孩子。即使一个成年人最开始是出于习俗、传统或者为了工资而照顾一个孩子，在大多数情况下，照顾行为本身就有可能产生感情。毫无疑问，如果孩子的母亲是他心爱的女人，这种感情会得到加强。因此，我们可以理解这些蛮野人对妻子的孩子表现出的深情。可以肯定的是，在文明人对他们的孩子的爱中，这也是一个很重要的因素。

马林诺夫斯基认为——他的这个观点很难反驳——全世界的人类一定都经历过特罗布里恩群岛岛民现在所处的阶段，因为曾经有一个时期，父权在任何地方都不被承认。包含父亲的动物家庭一定有相似的基础，因为它们不可能有其他的基础。只有在人类了解父职的事实之后，父爱才成为我们现在熟知的形式。

父权制下，婚姻道德观念发生了怎样的改变？

杜素娟

　　在母系社会中，由于男性不知道自己和后代之间的生物学关系，没有"父亲"的概念，因此男性并没有对后代产生渴望和占有欲，不存在对于女性"贞洁""服从"的道德要求。在两性关系中，女性和男性一样可以按自己的意愿选择、更换配偶。

　　但这一切都随着"父亲的生物学事实被认定"而结束了。在希腊神话的旧神谱中，我们可以读到克洛诺斯在母亲的帮助下打败父亲乌拉诺斯，宙斯又在母亲的帮助下打败父亲克洛诺斯的故事，背后都有母权和父权之争的影子。但最终宙斯稳坐奥林匹斯山巅，昭示着父系社会的形成。认定后代的方式发生了巨大的变化，从按照母系认定后代，变为按照父系认定后代。"后代"的发现对于父亲意义重大，子孙的存在，让一个男人的生命无限延续，满足了他"超越死亡的渴望"。

　　子孙的重要性引发了道德观念的变化，子孙的数量变得无比重要，血缘的纯正性也变得无比重要。于是，"一夫多妻"自然被赋予道德层面的合理性。同样，"贞洁"也带着道德的光辉出现了，因为男性需要用它来保证女性为特定男性生出血缘纯正的后代。为了提升女性的贞洁度，于是社会开始要求女性服从自己的丈夫，并限制她的生活范围和认知范围。正如罗素所言，"在大多数文明社会中，女性几乎完全无法接触社会和公共事务。人们有意地愚化她们，从而使她们保持无趣"。一个自愿封闭在闺房之中的女性，被美化为"淑女"；一个只懂得服务于丈夫的生活需要和后代需要的女性，也被美化为"贤妻良母"。隐藏在这些道德规训背后的，正是根源性的、对于男性后代血缘纯正的需求。同理，一个能够生育男性后代的女性会格外受人尊重；而不能生育男性后代，甚至不能生育后代的女人，直到今天还可能会受到歧视，包括来自同性的歧视。如果我们能够看到这些婚姻道德对女性限制的根源，也许可以更通透地看清那些所谓"美德""妇德"背后的"阴谋"。

第三章

父权制

一旦确认了父系的生理事实，一种全新的元素就会加入父爱中，这种元素几乎在所有地方都导致了父权社会的形成。一旦父亲意识到孩子是他的"种子"（这是《圣经》中的说法），他对孩子的感情就会被两个因素加强：对权力的热爱、对超越死亡的渴望。一个男人的后代所取得的成就，在某种意义上就是他的成就；后代的生命就是他生命的延续。抱负不再终结于坟墓，而是可以通过后代的职业生涯无限期地延续下去。例如，想象一下，当亚伯拉罕被告知他的子嗣将拥有迦南的土地时，他会多么心满意足。[1]在母系社会中，只有女性对家庭有抱负。由于女性不参与战斗，所以她们的家庭抱负所产生的影响可能比男性更小。因此，人们一定会认为：相比于母系社会，父职的发现将使人类社

---

[1] 译者注：亚伯拉罕是《圣经》中的人物。亚伯拉罕受到了上帝的召唤，离开家乡前往迦南地区。上帝承诺把这片土地赐给亚伯拉罕的后裔，所以这里也被称为"应许之地"。

会更加争强好胜，更加精力充沛，更加动荡，也更加忙碌。

这种影响在某种程度上只是假设。除此之外，坚持妻子要保持忠贞还有一个至关重要的新理由。嫉妒的纯本能因素并不像大多数现代人想象的那么强烈。嫉妒在父权社会中有极其强大的力量，这是因为男人担心伪造血统。下面这个事实充分说明了这一点：一个厌倦了妻子并深爱着情妇的男人，发现妻子的爱慕者比发现情妇的爱慕者更能让他产生嫉妒。婚生子女是男性自我的延续，他对子女的爱是一种利己主义。另外，如果那个孩子不是婚生子女，这个假定的父亲就会被欺骗着照顾一个跟他没有血缘关系的孩子。因此，父职的发现导致了女性的屈从，它被认为是确保女性忠贞的唯一手段——首先是身体上的屈从，然后是精神上的屈从，后者在维多利亚时代[1]达到了顶峰。由于女性的屈从地位，在大多数文明社会中，丈夫和妻子之间没有真正的情谊，他们的关系一直是一方至高至伟，另一方尽职尽责。男人所有的严肃想法和目的都藏在心里，因为强烈的想法可能会招致妻子的背叛。在大多数文明社会中，女性几乎完全无法接触社会和公共事务。人们有意地愚化她们，从而使她们保持无趣。从柏拉图的对话录中，我们可以得出这样一种结论：他和他的朋友认为男性是严肃爱情的唯一合适对象。不足为奇的是，有人认为体面的雅典女性无法了解柏拉图等人感兴趣的任何话题。直到近代的中国和波斯诗歌鼎盛时期的波斯，以及其他的许多时代和许多地方，都

---

[1] 译者注：维多利亚时代，指19世纪30年代到20世纪初的英国历史时期，大致是英国维多利亚女王统治时期。

存在完全相同的情况。爱情作为男女间的一种关系，由于确保婚生子女的渴望而遭到了破坏。不仅爱情成了牺牲品，就连女性能为文明做出的一切贡献也因为同样的原因而受到了阻碍。

随着确认后代的方式发生变化，经济制度自然也发生了变革。在母系社会中，男性继承舅舅的财产；而在父系社会中，男性继承父亲的财产。父系社会中的父子关系比母系社会中的任何男性关系都要更亲密，因为正如我们所见，我们认为理应属于父亲的职能，在母系社会中被分配给父亲和舅舅：关爱和监护来自父亲，权力和财产来自舅舅。所以，相比于更原始的家庭，父系家庭中的成员联系显然更紧密。

似乎直到父权制的引入，男人才开始渴望他们的新娘是处女。在母系社会中，年轻女子像年轻男子一样自由地沉醉于放荡的生活。但在一个致力于说服女人相信"所有婚外性行为都是邪恶行为"的社会中，这种情况是不被容忍的。

发现了"父亲"存在的事实后，父亲便最大限度地利用它。文明史主要是一部父权逐渐衰落的历史，在大多数文明国家，父权的顶峰发生在有历史记录之前。祖先崇拜似乎是早期文明的一个普遍特征，它在中国和日本延续至今。父亲对他的孩子有绝对的权力。在许多情况下，比如在罗马，父亲甚至可以决定孩子的生死。所有文明社会的女儿和许多国家的儿子，必须获得父亲的同意才能结婚，而且通常是由父亲决定儿女的结婚对象。女人在一生中都没有任何自主性，先是屈从于她的父亲，后来屈从于她的丈夫。与此同时，婆婆可以在家中行使近乎专制的权利，她和儿子、儿媳生活在同一屋檐下，儿媳完全屈从于她。直到今天[1]，中国年轻的已婚妇女因为婆婆的虐待而被迫自杀的不在少数。这种在中国仍然可以看到的现象，实际上曾经普遍存在于欧洲和亚洲文明，直到最近才有所改观。耶稣说"儿子反抗父亲""儿媳反抗婆婆"，他想到的正是在远东仍然存在的家庭。父亲首先凭借自己的优势力量获得权力，宗教又加强了这种权力，大多数形式的宗教信仰可以被定义为"神支持政府"。祖先崇拜或类似的东西非常普遍。我们已经看到，基督教的宗教观念浸透着父职的威严。君主和贵族的社会组织、继承的制度，无一不是建立在父权的基础上。早期的经济动机支持父权制。从《创世记》中我们可以看到，男人多么渴望"后裔繁增"，而拥有众多子孙对他们来说多么有利。多生孩子和多生牛羊一样有益。所以在那些日子，耶和华吩咐男人"繁衍增多"。[2]

但是，随着文明的进步，经济环境发生了变化，曾经劝诫人们关注个人利益的宗教戒律开始变得令人生厌。罗马繁荣之后，富人不再拥有大家庭。在罗马辉煌之后的几个世纪里，古老的名门贵族不断地消亡，虽然道德家的劝诫从未消失，但当时的那些

---

[1] 编者注：本书的初版时间为1929年。这里所述的内容是罗素对20世纪20年代以前的中国的观察。

[2] 译者注：本段的许多引文出自《圣经》。"儿子反抗父亲"出自《马太福音》第十章第三十五节，原文是"因为我来是叫人不和：儿子反他的父亲，女儿反她的母亲，儿媳反她的婆婆"。"后裔繁增"出自《创世记》第二十六章第四节，原文是"我要使你的后裔繁增，如同天上的星那样多，又将这些地都赐给你的后裔，并且地上万国必因你的后裔得福"。"繁衍增多"出自《创世记》第九章第一节，原文是"神赐福给挪亚和他的儿子，对他们说，你们要繁衍增多，遍满了地"。（本书中涉及《圣经》的译文，均参考了恢复本。）

劝诫和现在一样完全无用。离婚变得简单而常见；上层阶级的女性获得了几乎与男性平等的地位，父权制日渐衰落。这些发展与今天的发展非常相似，但当时仅限于上层阶级，那些不够富裕、无法从中获利的人对此感到震惊。相比于我们现今的文明，古代的文明由于受限于很小的人口比例而遭受破坏。正是这个原因导致它在存续期间很不稳定，并最终屈服于自下而上的巨大迷信力量。基督教和野蛮人的入侵摧毁了希腊-罗马的思想体系。虽然父权制被保留下来，并且相比于罗马贵族制度，它在一开始甚至还得到了加强，但它也不得不适应一种新的元素，即基督教的性观念，以及从基督教的灵魂和救赎学说中衍生出来的个人主义。在生物层面上，没有哪个基督教社会像古代文明和远东文明那样坦率。此外，基督教社会的个人主义逐渐影响了基督教国家的政策，而关于个人不朽的承诺，减少了他们对延续后代的兴趣——这曾经是他们认为的可能最接近不朽的方法。尽管现代社会仍然是父系社会，尽管家庭仍然存在，但它对父系的重视远不如古代社会。家庭的力量也远不如前。男人的希望和抱负，如今已经完全不同于《创世记》中的先祖。他们希望通过在国家中的地位，而不是通过拥有众多的后代来实现伟大。这种变化是传统道德和神学的影响力大不如前的原因之一。然而，这种变化本身也是基督教神学的一部分。要弄清楚这一问题的来龙去脉，我们接下来必须考察宗教如何影响人们对婚姻和家庭的看法。

道德标准可能是少数群体的独断或偏见

三个圈
专家伴读

杜素娟

　　在这一章，罗素讨论了道德产生的另一个原因，同样帮助我们理解道德的相对性，那就是有些道德来自掌握话语权的群体的独断或偏见。罗素提到，在大部分农业和畜牧社会，"生产"是很重要的，农业生产需要人口，人口需要生育，所以，人类的性行为基本都是受到鼓励的，就连宗教都是基于生殖崇拜产生的。

　　既然如此，认为性行为肮脏且罪恶的道德观点又从何而来呢？罗素把该观点的来源总结为嫉妒和性疲劳。

　　"嫉妒"来自父权制激发出来的男性对于女性的占有欲。试图占有越来越多女性的生物本能，变相体现为父权家庭中高高在上的男性对于女性的独占欲和控制欲。当这些欲望无法被满足时，人们就有可能将自己无法控制的性关系和性行为视为邪恶的。特别是拥有话语权但性能力变弱的年老群体，更容易产生这种对性行为的厌恶。握有话语权的群体是规训的制定者，他们对于性的厌恶，非常容易以道德的方式固定下来。

　　"性疲劳"同样来自父权制给予男性的过度的性权利，一夫多妻制和娼妓制度的出现，是男性握有过度性权利的表现。而女性无论是家庭中的妻妾，还是家庭外的娼妓，都需要靠无条件地取悦和迎合男性的性要求来赚取生活的资本，这就造成男性群体特别是社会上层的男性群体对性的要求几乎没有障碍，甚至出现了任意的纵欲。罗素认为，当人的性欲被极度放纵而没有障碍的时候，就会对性行为产生疲倦和厌恶的情绪。从历史上来看，这就是禁欲主义思想在荒淫纵欲的社会中特别容易发展壮大的主要原因。这种对于性欲的厌恶和憎恨，最终在宗教伦理中确定下来，变成了明确的禁欲倾向。如果理解这一点，也许可以帮助人们更理性地看待性的羞耻感从何而来。

第四章
男性生殖器崇拜、禁欲主义和罪

在父系的事实被发现之后，宗教对性的问题一直有极大的兴趣。这是意料之中的，因为宗教关注的就是一切神秘而重要的事物。在农业社会和畜牧社会的初期，人们最看重的事情就是多产，无论是庄稼、牛羊还是女人。庄稼并不总是茂盛，性交并不总会怀孕。为了获得理想的结果，人们求助于宗教和巫术。根据交感巫术[1]的通常观念，人们认为可以通过促进人类的生育力来增强土壤的肥力。在许多原始社会中，生育力本身就是目的，各种宗教和巫术仪式促进了这一点。古埃及的农业似乎兴起于母系社会结束之前，当时宗教中的性元素与男性生殖器无关，而是与女性生殖器有关——人们认为贝壳的形状让人联想到女性生殖

---

[1] 译者注："交感巫术"（sympathetic magic）是人类学家詹姆斯·弗雷泽（James Frazer）在《金枝》（*The Golden Bough*）中提出的概念，它大致可以分为两种，一种是基于"相似律"的顺势巫术，比如涉及脚印、衣服的巫术；另一种是基于"接触律"的接触巫术，比如涉及头发、指甲的巫术。本书中主要是指前一种。

器，因此认为贝壳具有魔力，把它当成货币。然而，当这个时期过去后，在后来的埃及，就像在大多数古代文明那样，宗教中的性元素采取了男性生殖器崇拜的形式。在《文明中的性》（*Sex in Civilisation*）[1]一书中，罗伯特·布里福（Robert Briffault）[2]撰写的一个章节非常精彩地概述了这方面一个最显著的事实：

> 在每个地区和每个时代，（他写道）农业节日，尤其是涉及播种和收获的农业节日，我们都能看到允许普遍性交的最明显的例子……阿尔及利亚的农业人口痛恨对女性的放荡行为施加的任何限制，理由是所有强制执行性道德的企图都会影响农业活动。雅典的播种节以一种弱化的形式保留了生育巫术的原始特征。妇女手拿着男性生殖器象征物，嘴里讲着污言秽语。农神节是罗马的播种节，现已被南欧的狂欢节取代，后者的男性生殖器象征物与流行于苏族、达荷美族的男性生殖器象征物差别不大，在最近几年已成为明显的特征。[3]

在世界上的许多地方，人们认为月亮（被认为是阳性的）是

---

[1] 原书注：V. F. Claverton和S. D. Schmalhausen编辑，Havelock Ellis作序，London：George Allen and Unwin Ltd出版，1929。

[2] 译者注：罗伯特·布里福，法国外科医生，后来以社会人类学家、小说家的身份而闻名，他曾在20世纪30年代与马林诺夫斯基通信辩论婚姻制度，也曾与伯特兰·罗素通信。在《文明中的性》一书中，布里福撰写的篇目为《宗教中的性》。

[3] 原书注：布里福，《文明中的性》，第34页。

所有孩子的真正父亲。[1]这种观点当然与月亮崇拜有关。在月亮祭司和太阳祭司以及在阴历和阳历之间存在着一种奇怪的冲突，但这与我们的主题没有直接联系。历法一直在宗教中扮演着重要的角色。18世纪之前的英国和1917年十月革命之前的俄国，人们一直在使用不准确的历法，因为他们认为格里高利历是天主教的历法。类似地，信奉月亮崇拜的牧师提倡使用非常不准确的阴历，因此阳历的胜利是缓慢的，而且是局部的。在埃及，这一冲突甚至曾经导致了内战。人们可能会认为，该冲突涉及"月亮"一词是阳性还是阴性的语法争议——德语中的"月亮"直到今天仍然是阳性的。太阳崇拜和月亮崇拜都在基督教中留下了自己的痕迹，因为耶稣的诞生发生在冬至，而他的复活则发生在满月。[2]虽然我们不应该草率地断言原始文明具有某种程度的理性，但也不难得出这样的结论：无论发生在哪里，太阳崇拜者的胜利都是因为一个明显的事实，即太阳对庄稼的影响比月亮更大。因此，罗马的农神节一般在春天举行。

古代所有的异教中都有大量的男性生殖器崇拜的元素，这些

---

[1] 原书注：在毛利人国家，"月亮是所有女性的永久丈夫或真正丈夫。根据我们祖先和长辈的知识，丈夫和妻子的婚姻是无关紧要的，月亮才是真正的丈夫"。世界上的大部分地区都存在类似的观点，显然，这种观点代表了从不知道父系到完全了解其重要性的过渡。引自布里福，《文明中的性》，第37页。

[2] 译者注：耶稣诞生的日子即圣诞节，大部分地区的圣诞节在12月25日，与冬至（12月21日或22日）并不在同一天。耶稣复活的日子即复活节，定在每年过春分月圆之后第一个星期日。

元素为异教的教父们提供了许多论战的武器。[1]尽管他们争论不休，但男性生殖器崇拜的痕迹在整个中世纪一直存在，直到新教最终成功地消灭了它的所有残迹。

> 佛兰德斯和法国有不少"崇拜男性生殖器的圣徒"，比如布列塔尼的圣吉尔斯、安茹的圣勒内、布尔日的圣格勒吕雄，以及圣勒尼奥和圣阿诺。在法国南部最受欢迎的是圣福丁，据说他是里昂的第一位主教。他在昂布兰的圣殿被胡格诺派教徒摧毁；当人们从废墟中抢救出这位圣人的惊人的男性生殖器时，它已经被大量的葡萄酒染成了红色，因为他的崇拜者习惯于在上面浇葡萄酒，然后把它当成治疗不育和阳痿的良药。[2]

圣妓是古代的另一种非常普遍的制度。在一些地方，平时受人尊敬的女性在寺庙中与一位祭司或者偶遇的陌生人发生性关系。在另一些情况下，女祭司本身就是圣妓。也许所有这些习俗都是源自人们试图通过神的恩惠确保女性的生育力，或者通过交感巫术确保庄稼的生产力。

到目前为止，我们一直考虑的是宗教中的促性因素（pro-sexual

---

[1] 译者注：这里的古代（antiquity）指的是古埃及、古希腊和古罗马时期，或者泛指中世纪之前的欧洲历史。教父（Fathers）也被称为"天主教早期教父"，是基督教早期的宗教作家和神学家的统称，他们的著作有一定的权威，对后世的基督教教义有深远的影响。

[2] 原书注：布里福，《文明中的性》，第40页。

elements）。然而，反性因素从很早就开始与其他因素共存，并且最终，凡是基督教或佛教盛行的地方，反性因素都完全战胜了它们的对立面。韦斯特马克举了很多个例子，解释了他所谓的"奇怪想法，即婚姻和性关系一样存在着一些肮脏罪恶之事"[1]。在世界上差异极大、远离基督教或佛教的地方，都存在让祭司或女祭司发誓独身的仪式。犹太教的艾赛尼派认为所有的性交都不纯洁。古代的一些最敌视基督教的圈子似乎也支持这种观点。罗马帝国确实有一种普遍的禁欲主义倾向。伊壁鸠鲁主义几乎绝迹，有教养的希腊人用斯多亚主义取代了它。[2]《伪经》[3]中的许多段落提出了一种对待女性如僧侣般的态度，完全不同于《旧约》中强烈的男子气概。新柏拉图主义者的禁欲程度几乎与基督徒相同。"物质是邪恶的"这一教义从波斯传到西方，并带来了一种信仰：所有的性交都不纯洁。虽然不那么极端，但这的确是教会的观点。我将在下一章讨论教会的问题。很显然，人们在某些情况下会自发地产生对性的恐惧，就像更常见的性吸引力，这种恐惧也是一种自然的冲动。我们必须考虑这一点，并且从心理上理解这一点，才能评价什么样的性制度最有可能满足人的本性。

---

[1] 原书注：《人类婚姻史》（*History of Human Marriage*），第151页之后。

[2] 译者注：伊壁鸠鲁主义相当于"享乐主义"，其核心理念可以理解为"快乐是最大的善"，它的创始人是古希腊哲学家伊壁鸠鲁（前341—前270）。斯多亚主义的核心理念可以理解为"美德是唯一的善"，它的创始人是古希腊哲学家芝诺（约前336—约前264）。后文的新柏拉图主义的核心理念可以理解为"上帝是至高的善"，它的创始人是罗马哲学家萨卡斯（约175—242）和他的学生。

[3] 译者注：基督教的《伪经》（*Apocrypha*）是指公元前200年到公元200年的一些犹太著作，其作者不能完全确定。《伪经》中的教义虽有参考价值但包含错误，因此犹太人拒绝把它们收入正典之中。

首先要说的是，认为信仰是这种态度的来源，这是没有意义的。这类信仰最开始一定是源自某种情绪。的确，信仰的存在会延续这种情绪，或者至少延续符合这种情绪的行为，但它们几乎不可能成为反性态度的根本原因。我认为，反性态度的两个主要原因是嫉妒和性疲劳。只要出现了嫉妒，哪怕它只有一丝一毫，都会让我们反感性行为，憎恶性欲。一个完全受本能驱使的男人如果能够为所欲为，他会让所有的女人都爱他，而且只爱他一个人。这些女人对其他男人的爱，会在他身上激起一种情感，这种情感很容易转化为道德谴责。特别是当这个女人是他的妻子时，情况更显著。例如，我们发现在莎士比亚的作品中，男人不希望自己的妻子充满激情。莎士比亚眼中的理想女性是这样的：她是因为责任感才接受丈夫的拥抱，但她不会考虑拥有一位情人，因为她不觉得性交是一件愉快的事，她之所以忍受性交，完全是出于道德法则的要求。如果一位受本能驱使的丈夫发现妻子背叛了他，就会对她和她的情人充满厌恶，并倾向于得出这样的结论：所有的性都是糟糕的。当他因为纵欲或衰老而变得阳痿的时候，情况尤其如此。在大多数社会中，老年人的意见比年轻人的更有分量，因此关于性问题的"标准答案"自然不是来自那些头脑发热的年轻人。

　　性疲劳是文明带来的一种现象，它肯定不存在于动物之中，在蛮野人中也非常少见。一夫一妻制的婚姻不太可能出现严重的性疲劳，因为大多数男人都需要新鲜感的刺激才能放纵生理上的欲望。当女性可以自由拒绝性交的时候，也不太可能出现性疲劳，因为在这种情况下，她们会像雌性动物一样，每次性交前都需要男性向她求爱，并且只有在感觉男性的情欲已经足够高涨之后才会同意性交。文明几乎消除了这种纯粹本能的感觉和行为，其中发挥最大作用的是经济因素。已婚妇女通过自身的性魅力来谋生，因此，她们不能只在有性欲的时候才同意性交。这极大地削弱了求爱的作用，而求爱是大自然抵御性疲劳的保障。因此，没有受到严格道德约束的男人很容易纵欲过度，这最终将产生厌倦和厌恶的感觉，并自然而然地导致了禁欲主义的信仰。

嫉妒和性疲劳经常同时起作用。在这个时候，反性激情的力量可能十分强大。我想这就是为什么放荡的社会很容易滋长禁欲主义。

然而，独身作为一种历史现象还有其他的原因。人们认为献身于神的祭司和女祭司已经与神结婚了，因此他们有义务避免跟凡人性交。人们很自然地认为他们特别圣洁，因此圣洁和独身之间就有了一种联系。直到今天，天主教的修女仍被视为耶稣的新娘。这也可以解释为什么人们认为她们与普通人性交是邪恶的。

除了已经考虑过的原因，我怀疑古代世界的后期还有其他更模糊的原因导致了日益滋长的禁欲主义。在历史上的一些时期，生活似乎很愉快，人们都精力充沛，世俗生活的乐趣足以带来完全的满足。而在另一些时期，人们似乎疲惫不堪，世俗生活没有足够的乐趣，他们只能寄希望于精神上的慰藉，用来生弥补尘世的空虚。比较《雅歌》中的所罗门王和《传道书》中的所罗门王，前者代表了古代世界的鼎盛，后者代表了古代世界的衰落。[1]造成这种差别的原因是什么，我不敢妄言。也许是一些非常简单的生理上的东西，比如户外的活跃生活取代了久坐不动的城市生活；也许是斯多亚学派的人肝功能不佳；也许是《传道书》的作者认为一切都是虚空，因为他没有进行足够的锻炼。无论如何，这种情绪很容易导致对性的谴责。也许我们已经提到过的原因，加上其他各种各样的原因，造成了古代世界后期对性的普遍厌倦，而禁欲主义就是这种厌倦的一个特征。不幸的是，正是在这个颓废而病态的时期，基督教伦理形成了。那些精力充沛的人，必须竭尽全力地去实践一种人生观，这种人生观原本属于那些病态的、疲惫的、幻灭的、对生物价值和人类生命延续失去了所有感觉的人。不过，这是我们下一章要谈论的话题。

---

[1] 译者注：《雅歌》和《传道书》都是《圣经》中的篇目，据说这两篇的作者都是所罗门王。

三个圈
专家伴读

禁欲主义对于婚姻的影响

杜素娟

在中世纪的传说中有一个"特利斯当和伊瑟"的故事，王子特利斯当爱上了舅舅的年轻王后伊瑟，两人逃到了森林中。夜晚入睡时，两人却以双刃剑相隔，以防止彼此靠近。一对恋人为何会有这样的举动呢？爱情与性无关，只有剔除了性关系的爱情才值得尊敬，这就是禁欲文化的表现。

在这种禁欲文化之下，爱情只有在剔除情欲的情况下才被称为合理，那么婚姻的合理性又如何解释呢？在基督教禁欲主义的影响之下，婚姻本身竟然被认为没有意义，唯一的作用就是疏解罪恶的性欲。拥有一个婚姻中的伴侣只是为了抑制性欲的泛滥，婚姻中的夫妻都变成了适时帮助对方泄欲，以避免犯罪的工具。在这种带有浓厚宗教偏见的婚姻观中，婚姻本身的情感、生存、社会价值都被否定，缔结婚姻沦落为预防情欲犯罪的无奈之举。

这种宗教偏见下的婚姻观会给婚姻带来哪些伤害呢？那就是人们对于爱、情感、两情相悦的需求，在婚姻缔结中不被考虑。这就造成了大量婚姻的悲剧。

罗素认为，这种婚姻观透露出来的是对于婚姻的鄙视。可笑的是，教会为了掩饰这种鄙视，强化了"婚姻是圣礼"的教义。把婚姻的结合说成神意，这看似是对婚姻的重视，其实是对婚姻自由内容的扼杀。因为强化婚姻神圣性的最终结果是禁止离婚。

悲剧就这样产生了，对婚姻作用和意义的功能性理解，弱化了婚姻缔结中的情感因素，导致无爱婚姻的大量出现。一方面是无爱婚姻的普遍化，另一方面是"神圣婚姻"对于离婚的排斥，这就等于把人们永久地困在了不幸的婚姻中，导致婚姻变成了人生的监牢。

面对这种普遍存在的无爱婚姻以及由此产生的生存苦痛，宗教又用了什么方法去应对呢？天主教的方法是禁止离婚，但允许婚外私通的人通过赎罪得到教会的赦免；新教打破了不许离婚的禁忌，在某些情形下允许离婚，但反过来会对私通行为给予更严厉的惩罚。

罗素指出，直到现在，人类面对屡禁不绝的私通现象，依然评判艰难。一方面，在很多文学作品中，无爱婚姻中的"男欢女爱"或"不受法律冷酷绳索束缚的爱"被赋予诗意评价；另一方面，即便出自无爱婚姻，"私通"或"通奸"在世俗生活中也难以得到理解。更重要的是，由于男性是道德的制定者，这些"私通"或"通奸"的惩罚对象又以女性为主，于是男性站在了道德的高地，女性则成为被审判的诱惑者。

罗素提醒我们，在这些看似复杂的社会现象背后，都有着不合理的禁欲主义的深远影响。只有从科学和理性的角度对这些现象进行反思，才能看到这些道德观念背后隐藏的不合理的文化机制。

第五章
基督教伦理

韦斯特马克说:"婚姻起源于家庭,而非家庭起源于婚姻。"这个观点在前基督教时代是不言自明的,但随着基督教的出现,它已经成为一个需要强调的重要命题。基督教,尤其是圣保罗[1],引入了一种全新的婚姻观:婚姻的存在主要不是为了繁衍后代,而是为了防止私通罪。

圣保罗在《哥林多前书》中非常清晰地阐述了他对婚姻的看法。人们推测,当时哥林多教会的基督徒有一种与继母发生不正当关系的奇怪做法。(《哥林多前书》第五章第一节)圣保罗认为这种情况需要特别处理。他提出了如下的观点:

---

[1] 译者注:圣保罗,基督教的第一代领导人之一,也是早期教会最有影响力的传教士之一,据说《新约圣经》中的一半是他写的。圣保罗在小亚细亚和欧洲等地建立了多个教会,其中就包括哥林多教会,《哥林多前书》是圣保罗写给哥林多人的一封书信。

1. 关于你们所写的，我认为男不近女倒好。

2. 但为避免淫乱，男人当各有自己的妻子，女人也当各有自己的丈夫。

3. 丈夫对妻子当尽应尽之分，妻子对丈夫也要如此。

4. 妻子对自己的身体没有主权，丈夫才有；照样，丈夫对自己的身体也没有主权，妻子才有。

5. 你们不可彼此亏负，除非出于同意，暂时分房，为要专心祷告，以后仍要同房，免得撒旦因你们不能自制，试诱你们。

6. 我说这话，是容许你们，并不是命令。

7. 我愿意众人都像我一样；只是各人都有自己从神那里得来的恩赐，有人是这样，有人是那样。

8. 我对未婚者和寡妇说，若他们常像我就好。

9. 但他们若不能自制，就可以嫁娶，与其欲火中烧，倒不如嫁娶为妙。[1]

我们可以看到，圣保罗在这段话中并没有提到任何关于孩子的事情：他似乎认为婚姻的生物学目的完全不重要。这是很自然的，因为在他的想象中，"耶稣再临"[2]是即将发生的事情，世界很

---

[1] 原书注：《哥林多前书》第七章第一至九节。

[2] 译者注："耶稣再临"是基督教的一个概念，认为耶稣在第一次降临和升天之后，会在未来重新回到人间。根据《马太福音》中的描述，重新降临的耶稣会把信徒分在两边，一边是能得救的绵羊，另一边是不能得救的山羊。

快就会终结。当"耶稣再临"时，人们会被分成绵羊和山羊，唯一重要的事情就是发现自己身处绵羊之中。圣保罗认为，性交是获得救赎的障碍，甚至婚内的性交也不例外。（《哥林多前书》第七章第三十二至三十四节）虽然已婚人士有可能得救，但私通罪无可恕，不悔改的私通者会发现自己身处山羊之中。曾经有一位医生劝我戒烟，他让我每次烟瘾发作就去吸一滴酸液。圣保罗鼓励人们结婚，正是基于同样的理念。他并没有说婚姻和私通一样愉悦，而是认为婚姻能使不坚定的教友抵御诱惑；他从来没有说过婚姻有什么实际的好处，也没有说过夫妻之爱是令人向往的美好事情；他对家庭没有一丁点儿兴趣。私通问题是他思想中的核心，他的整个性伦理都是围绕着私通问题。这就好比有人说，烤面包的唯一理由是防止人们偷蛋糕。圣保罗不屑于告诉我们为什么他认为私通是邪恶的。有人倾向于怀疑，圣保罗已经摒弃了《摩西律法》，以便可以自由地吃猪肉，但他希望证明自己的道德遵守仍然和正统犹太人一样严格。由于长期以来禁止吃猪肉，犹太人认为猪肉就像私通一样美妙，因此圣保罗需要在自己的信条中强调禁欲。

谴责所有的私通行为，这在基督教中是一件新奇的事。《旧约》和早期文明的大多数法典一样禁止通奸[1]，但它指的是与已婚女性的通奸。任何仔细读过《旧约》的人都能明显地看出这

---

[1] 译者注：私通（fornication）和通奸（adultery）的区别是，前者是指未婚男女之间的非法性关系，后者是指已婚男女之间的非法性关系。如果一方是未婚者而另一方是已婚者，那么未婚者构成了私通罪，已婚者构成了通奸罪。

一点。例如，当亚伯拉罕带着撒拉去了埃及，他对国王说撒拉是他的妹妹，国王相信了这一点，就把撒拉带进了后宫。后来国王发现撒拉是亚伯拉罕的妻子，他非常震惊地得知自己无意中犯了罪，并责怪亚伯拉罕没有告诉他事实。这是古代的惯例。人们会批评有婚外性行为的女人，却不会谴责有婚外性行为的男人，除非他性交的对象是别人的妻子，在这种情况下，他有罪是因为他侵犯了别人的财产。在道德上，基督教反对所有的婚外性行为，但这是基于基督教反对所有性行为（正如之前圣保罗所言）的观点，包括婚内性行为。在任何理智的人看来，这种违背了生物学事实的观点是病态的。但它根植于基督教伦理——这个事实使基督教在其整个历史中，成为一股导致精神错乱和产生有害人生观的力量。

早期教会强调和夸大了圣保罗的观点。独身被视为圣洁，人们退到"荒漠"之中对抗撒旦，因为撒旦使人们的想象中充满了淫欲的幻觉。

教会抨击了沐浴的习惯，理由是：任何增加身体吸引力的东西都倾向于产生罪恶。他们赞美污垢，圣洁的气味越来越刺鼻。圣保罗说："身体和衣服的洁净意味着灵魂的不洁。"[1]虱子被称为"上帝的珍珠"，虱子遍布全身是圣洁之人必不可少的标志。

隐士圣亚伯拉罕在皈依之后又活了五十年，他从那天起

---

[1] 原书注：哈夫洛克·霭理士（Havelock Ellis），《性心理学研究》（*Studies in the Psychology of Sex*），第四卷，第31页。

坚决不洗脸，也不洗脚。据说，他是一个异常美丽的人，他的传记作者有些奇怪地评论说："他的脸反映了他灵魂的圣洁。"圣阿蒙从未见过自己的裸体。著名的处女西尔维娅，虽然已经六十岁了，虽然她的习惯导致她生病，但根据宗教原则，她坚决不肯清洗手指以外的任何部位。圣尤弗拉克西斯加入了一座有一百三十名修女的修道院，她们从不洗脚，一提到沐浴就会不寒而栗。有一次，一位隐士看到一个赤身裸体的生物从他面前的沙漠掠过，这个生物因为污秽和多年的暴露而变得黝黑，白发随风飘动，他认为是魔鬼的幻象在嘲弄他。埃及的圣玛丽曾经是一个美丽的女人，她因此花了四十七年的时间为自己赎罪。修道士偶尔的堕落行为——打扮体面的习惯，是一个备受指责的话题。修道院院长亚历山大悲哀地回顾过去，说："我们的教父从不洗脸，但我们经常去公共浴池。"与此相关的是沙漠中的一座修道院的故事。修道士因为极度缺水而饱受折磨，但由于修道院院长狄奥多西的祷告，大量的溪水不断涌出。但不久之后，一些修道士受到了富足水源的诱惑，一改往日的禁欲，说服了修道院院长用这条溪流修建浴池。浴池修好了。修道士享受了一次沐浴，但只有一次，之后溪水停止流动。祷告、流泪和斋戒都徒劳无功。整整一年过去了。最后，修道院院长拆毁了上帝不喜欢的浴池，水又重新流了出来。[1]

---

[1] 原书注：威廉·爱德华·哈特普勒·莱基（W. E. H. Lecky），《欧洲道德史》（*History of European Morals*），第二卷，第117—118页。

很明显，在盛行这种性观念的地方，性关系很容易变得糟糕和残酷——就像禁酒令之下的饮酒。爱的艺术被遗忘，婚姻被残酷对待。

　　禁欲者在人们的头脑中烙下了深刻而持久的贞操信念，虽然他们的贡献非常大，但他们对婚姻的有害影响极大地抵消了这种贡献。在教父们的大量著作中，我们只能找到两三处关于婚姻制度的美好描述，但总的来说，很难想象有什么东西比他们对待婚姻的方式更加粗鄙和恶心。大自然设计两性之间的关系是为了修复死亡造成的破坏——正如林奈[1]指出，这种关系甚至延伸到了花卉世界——但人们总是认为这种关系是亚当堕落的结果，认为婚姻是这种关系最卑贱的一面。婚姻带来的柔情，以及伴随着的神圣、美好的家庭品质几乎完全被忽略了。禁欲者的目的是吸引人们保持童贞，这必然导致婚姻被视为次等状态。的确，为了物种的繁衍，为了避免人类犯下更大的罪行，婚姻被认为是必要的，因此也是合理的。但它仍然被认为是一种堕落，所有渴望真正圣洁的人都应该避开。最后一位圣人圣哲罗姆用充满活力的语言说："用贞操之斧砍倒婚姻之木。"倘若他支持婚姻，唯一的原因便是婚姻能生出处女和童男。哪怕婚姻关系已经缔结，禁欲主义的激情仍然刺痛着他们。我们已经看到它如何

---

[1] 译者注：林奈，指卡尔·冯·林奈（Carl von Linné，1707—1778），瑞典生物学家，创立了二名法，用来为生物命名。

损害家庭生活的其他关系。它在这种最神圣的关系中注入了十倍的苦涩。每当强烈的宗教热诚降临在丈夫或妻子身上，它的第一个影响就是破坏所有幸福的结合。最虔诚的一方希望立刻过上孤独的禁欲生活，他们即使没有直接分居，至少也会貌合神离。在教父的劝诫文字和圣徒的传说中，这些观念占据了大量的位置，任何对这些文字稍有了解的人，一定都很熟悉。因此——我只举几例——当圣尼卢斯已经有两个孩子的时候，他被一种流行的禁欲主义吸引，他的妻子在多次流泪后被说服，同意分居。圣阿蒙在新婚之夜向他的妻子大谈婚后状态的种种弊端，结果他们立刻同意分居。圣梅拉尼娅花了很长时间，认真地劝说她的丈夫允许她离开床，直到他最终同意。圣亚伯拉罕在新婚之夜抛下妻子。根据稍后的一个传说，圣亚历克西斯也有同样的行为，但多年之后他从耶路撒冷回到他父亲的家，发现妻子仍然因为被遗弃而哀痛。他乞求被收留，并得到了父亲的施舍，在死之前，他一直在那里过着受人鄙视、不被承认、不为人知的生活。[1]

然而，天主教会并不像圣保罗和沙漠中的隐士那样违背生物学规律。基于圣保罗的观点，人们只应该把婚姻看成宣泄性欲的合法出口。人们不会认为圣保罗反对节育，相反，人们可能会推测，圣保罗认为怀孕和分娩期间的禁欲是危险的。教会则持有不

---

[1] 原书注：莱基，《欧洲道德史》，第二卷，第339—341页。

同的观点。在正统的基督教教义中，婚姻有两个目的：一是圣保罗认可的目的，二是生育后代。其结果是，性道德比圣保罗规定的还要严苛。只有婚内的性行为才是合法的，而且即使是在丈夫和妻子之间，不以怀孕为目的的性交都是有罪的。事实上，根据天主教会的说法，发生性关系的唯一正当的动机就是对婚生子女的渴望。但无论性交过程伴随着何种残酷之事，该动机始终为它辩护。对于一个想要生孩子的丈夫，没有任何理由可以妨碍他行使配偶权——即使他的妻子讨厌性交，即使孩子有可能患病或者疯癫，即使没有足够的钱来防止最极端的痛苦。

在这个问题上，天主教教义有两个基础：一方面，它基于我们已经在圣保罗身上看到的禁欲主义；另一方面，它推崇把尽可能多的灵魂带到世上，因为每个灵魂都能够得到救赎。由于某些我不理解的原因，天主教教义忽略了一个似乎非常有关联的事实：灵魂同样能够下地狱。举个例子，天主教利用其政治影响力阻止新教徒实行节育，但他们一定也相信，由于他们的政治行动而诞生的大多数新教儿童，将在另一个世界遭受永恒的折磨。这使他们的行为显得很无情，但毫无疑问，不信教的人无法理解其中的奥秘。

天主教教义非常片面地承认了孩子是婚姻的目的之一。它极力得出这样的推论：不以生育为目的的性交都是犯罪。但它还不至于同意教徒以不育为理由解除婚姻。无论一个男人多么想要孩子，如果他的妻子碰巧不能生育，在基督教伦理中是没有补救办法的。事实上，婚姻的积极目的——生育——起着非常次要的作用，它的主要目的（正如圣保罗所说）仍然是防止犯罪。私通问题仍然是圣保罗思想的核心，婚姻在根本上仍然是一种有些遗憾的选项。

天主教会试图把这种低级的婚姻观包装成"婚姻是圣礼"的教义。这条教义的实际功效在于一个推论：婚姻是不可解除的。无论双方中的任何一人做了什么，哪怕其中一方变得精神失常，或者染上梅毒，或者习惯性酗酒，甚至公开地与另一人同居，夫妻之间的关系仍然是神圣的。虽然在特定情况下允许合法分居[1]，但绝不允许再嫁或者再娶。当然，这在许多情况下导致了大量的痛苦，但既然这种痛苦是上帝的旨意，人们就必须忍受。

伴随着这种极其严酷的理论，天主教始终对它认为的罪持有一定程度的宽容。教会已经意识到不能指望凡人的人性遵守教会的戒律，并且已经准备好赦免私通罪——只要罪人承认了错误，并且进行了忏悔。实践中的这种宽容是加强神职人员权力的一种方法，因为只有他们可以宣布赦免，而如果没有赦免，私通就会带来永远的诅咒。

新教的观点略有不同，它在理论上没有那么严厉，但在实践中却更加苛刻。"与其欲火中烧，倒不如嫁娶为妙"，路德[2]对这句话印象深刻，他还爱上了一位修女。他曾经发誓独身，但他

---

[1] 译者注：合法分居（separation a mensa et thoro），指法律上的正式分居程序，此时夫妻之间的婚姻关系仍然维持着。夫妻双方最终可能会离婚，也可能会选择复合，那么他们不需要办理其他手续便可以延续婚姻。

[2] 译者注：指马丁·路德（Martin Luther，1483—1546），德意志神学家、哲学家，宗教改革的发起人。宗教改革运动促成了基督新教的兴起。

推测自己和修女有结婚的权利，否则澎湃激情会把他引向不可饶恕的大罪。因此，新教放弃了对独身的赞扬——这是天主教的特征。在新教蓬勃发展的地方，也放弃了"婚姻是圣礼"的教义，在特定情况下容许离婚。但相比于天主教徒，新教徒对私通感到更加震惊，对道德上的谴责也更加严厉。天主教会预料到一定程度的罪恶，并制定了处理罪恶的方法；新教则放弃了天主教的忏悔和赦免，使有罪者处于更绝望的境地。在现代美国，人们可以看到这种态度的两个方面：离婚非常容易，但通奸受到的谴责比大多数天主教国家严厉得多。

显然，无论是天主教的还是新教的基督教伦理体系，都需要重新加以审视，尽可能避免基督教教育灌输给大多数人的先入之见。尤其是在童年时期，基督教的反复说教使大多数人形成了一种坚定的信仰，这种信仰甚至强大到可以进入潜意识。许多人以为自己不受正统观念的控制，但实际上，它的教义仍然在潜意识中控制着我们。我们必须坦率地自问：是什么导致教会谴责所有的私通？这种谴责是合理的吗？如果不合理，那么除了教会引证的理由，我们还有理由得出同样的结论吗？早期教会的态度是：性行为在本质上是不纯洁的，但满足某些前提条件的性行为必须得到赦免。应该把这种态度视为单纯的迷信，导致这种态度被采纳的原因大概是前一章中所述的反性因素，也就是说，最开始灌输这种观点的人，要么患有身体疾病，要么患有精神疾病，要么两者兼而有之。一种被广泛接受的观点未必就不荒谬。而且，考虑到大多数人的愚蠢，广为流传的信仰更有可能是愚蠢的，而不是明智的。帕劳群岛的岛民相信，鼻子上穿孔是赢得永恒幸福的必要条件。[1]欧洲人认为，把头发弄湿然后说出几个单词[2]就能达到相同的目标。但帕劳群岛岛民的那个信仰被认为是迷信，而欧洲人的这个信仰是我们神圣宗教的真理之一。

杰里米·边沁（Jeremy Bentham）曾经制作过一幅"行为之源"的表格（A Table of the Springs of Action），把人类的每一种欲望按照人们对其的赞美、责难和中立的态度，分成平行的三列。我们在一列中看到"暴食"这个词，就会在对应的另一列中看到"喜爱聚餐的乐趣"。同样，我们在一列中看到赞美冲动的"公共精神"，就会在另一列中看到"怨恨"。我建议所有想要清晰地思考伦理话题的人在这一点上模仿边沁，在习惯了几乎每一个表达责难的词都有一个表达赞美的同义词之后，我们也要习惯使用那些既不表达赞美，也不表达责难的词。"通奸"和"私通"这两个词都表达了强烈的道德谴责，只要我们使用了这些词，就很难冷静地思考。然而，有些好色的作家用其他的词来败坏我们的道德：他们会说"风流"，或者"不受冰冷法律束缚的爱"。这两类表述都会引起偏见，如果我们希望冷静地思考，就必须一视同仁地回避这些词。遗憾的是，这必然会破坏我们的文学风格。赞美的词语和责难的词语都是精彩有趣的。谩骂和赞

---

[1] 原书注：韦斯特马克，《人类婚姻史》，第170页。（译者注：帕劳群岛，西太平洋上的群岛。）

[2] 译者注：指基督教中的洗礼，大致方法是把祝圣过的水倒在或洒向受洗者头上；或者把受洗者放进水中，然后扶起来。在此之前，施洗者会向受洗者确认是否这么做。

颂很容易吸引读者，只要运用一点技巧，作者就可以随心所欲地激发读者的情感。然而，我们希望诉诸理性，因此我们必须使用枯燥的中性短语，比如"婚外性关系"。然而，也许这是一个过于严格的规定，毕竟我们正在处理的问题涉及非常强烈的人类情感。如果在写作中彻底消除情感，我们可能就无法传达我们所处理的问题的性质。与性有关的任何问题都会出现两极分化，这取决于是从参与者的角度还是从嫉妒的局外人的角度来描述它。我们会把自己的行为美化成"风流"，把别人的行为贬低成"私通"。因此，必须记住那些带有感情色彩的术语，有时候我们可以使用它们，但必须加以克制，而且在大体上，我们必须满足于中性的、科学上准确的措辞。

通过强调忠贞，基督教不可避免地极大贬低了女性的地位。因为道德家都是男性，所以女性就成了诱惑者；倘若道德家是女性，男性就会扮演这个角色。既然女性是诱惑者，就应当减少她们引诱男性的机会。因此，体面的女性会受到更多的限制，而不体面的女性被认为是有罪的，会受到极大的侮辱。直到现代，女性才重新获得了她们在罗马帝国时期所享有的那种自由。我们已经看到，父权制做了许多奴役女性的事情，但大部分发生在基督教兴起之后。君士坦丁[1]之后，保护女性免于罪恶的借口再一次剥夺了女性的自由。直到罪的观念在现代逐渐衰落，女性才开始重获自由。

教父们的著作中充满了对女性的谩骂。

---

[1] 译者注：指古罗马帝国皇帝君士坦丁一世（280—337），他是第一位信仰基督教的罗马皇帝。

女人被描绘成地狱之门，以及所有人类弊病的母亲。她一想到自己是女人就应该感到羞耻。她应该生活在不断的忏悔之中，因为她给世界带来了诅咒。她应该为自己的衣着感到羞耻，因为那是她堕落的纪念。她尤其应该为自己的美貌感到羞耻，因为美貌是恶魔最有力的工具。外貌美的确永远是教会谴责的主题，尽管有一个例外。人们注意到，在中世纪主教的墓碑上，总是能看到他们的俊美样貌。在6世纪的某个省的会议上，女性被禁止用裸手接受圣餐，原因是她们不洁。她们仍然无法摆脱本质上的从属地位。[1]

针对女性的财产法和继承法也发生了同样意义的改动，直到通过法国大革命的自由思想家的努力，女性才恢复了继承权。

---

[1] 原书注：莱基，《欧洲道德史》，第二卷，第357—358页。

第六章
浪漫爱情

随着基督教和野蛮人的胜利，男女之间的关系陷入了一种几千年未有的残酷状态。古代世界是险恶的，但并不残酷。在黑暗时代[1]，宗教与野蛮的结合贬低了生活中的性。在婚姻之内，妻子没有任何权利；在婚姻之外，既然一切都是罪恶，也就没有必要去约束野蛮男人身上的自然兽性。中世纪充斥着令人厌恶的不道德行为：主教和自己的女儿过着姘居的生活，大主教把他们的男宠提拔到邻近的教区。[2]人们越来越相信神职人员的确是独身，但实际情况和道德戒律并不保持同步。教宗圣额我略七世极力地让牧师们远离他们自己的情妇，但迟至阿伯拉尔时代，我们发现阿伯拉尔依然认为自己可以与爱洛绮丝结婚，尽管这件事在当时是

---

[1] 译者注：黑暗时代，指欧洲历史上从西罗马帝国的灭亡到文艺复兴开始的这一时期。

[2] 原书注：参阅亨利·查尔斯·李（Henry Charles Lea），《中世纪宗教裁判所的历史》（*A History of the Inquisition in the Middle Ages*），第一卷，第9页、第14页。

一桩丑闻。[1]直到13世纪末，神职人员才被严格要求保持独身状态。当然，神职人员仍在与女性发生不正当关系，他们自己知道这种关系是不道德和不纯洁的，无法用任何体面的或漂亮的词语来修饰。基于对性的禁欲主义观点，教会也做不了什么美化爱情的事。那是俗人的工作。

不足为奇的是，一旦违背誓言，过上他们通常认为的那种罪恶生活，神职人员很快就会堕落到远低于俗人的水平。我们可能不会过多地强调下面这些孤立的堕落案例：教宗圣若望二十三世，他被判乱伦、通奸等罪行；或者坎特伯雷的圣奥古斯丁修道院的一位候选院长，1171年的调查发现，他仅在一个村庄里就有十七个私生子；或者西班牙的一位修道院院长圣佩拉约，他在1130年被证明拥有不少于七十个情妇；或者列日主教亨利三世，他因为有六十五个私生子而在1274年被废黜。我们无法忽视一长串的会议和教会作家提供的证据，他们共同描述了比单单包养情妇严重得多的罪恶。人们观察到，当牧师真正娶妻的时候，他们已经知道这种关系是非法的，这会极大地削弱他们的忠诚，重婚和见异思迁

---

[1] 译者注：圣额我略七世（Gregorius Ⅶ，约1021—1085），罗马主教，天主教历史上最重要的改革者之一。阿伯拉尔，指皮埃尔·阿伯拉尔（Pierre Abélard，1079—1142），法国神学家、经院哲学家，他与十七岁的学生爱洛绮丝相恋，秘密结婚并生有一子。由于结了婚的人无法担任神学院的院长，爱洛绮丝为了阿伯拉尔的前途而否认了这段婚姻，后因为误会导致阿伯拉尔被施以宫刑。最终，阿伯拉尔劝爱洛绮丝在一家修道院当修女，他则在另一家修道院当修士，两人一直保持着书信交流，死后葬在了一起。

在他们中间尤为普遍。中世纪的作家写了很多这样的故事：女修道院发生过大量的杀婴事件，神职人员中的乱伦现象比比皆是。这使得教会有必要一次又一次地颁布最严格的法令，禁止牧师和母亲或姐妹住在一起。基督教几乎消灭了非自然的爱情，这是它最伟大的贡献之一，但人们多次发现修道院内还有这种非自然的爱情。在宗教改革之前不久，人们还在强烈地控诉神职人员在忏悔室中满足自身淫欲的行为。[1]

在整个中世纪，教会的希腊-罗马传统和贵族的日耳曼传统之间存在着最奇怪的分歧。这两者都对文明有贡献，但贡献是完全不同的。教会贡献了知识、哲学、教会法、基督教世界的统一概念——所有这些都是源自地中海古代文明流传下来的传统。俗人贡献了习惯法、世俗政府的形式、骑士精神、诗歌和浪漫。我们特别关心的是浪漫爱情。

我们不能说浪漫爱情在中世纪之前是不为人知的，但直到中世纪，它才成为一种普遍认可的情感。浪漫爱情的本质在于，它认为心爱之人是很难拥有且非常珍贵的。因此，为了获得心爱之人的爱情，男人需要付出各种各样的努力，通过诗歌、音乐、战斗等多种方式取悦某位女士。如果很难得到一位女士，就会导致一种心理效应，即相信她有巨大的价值。我认为可以这么说，如果一个男人毫不费力地得到一个女人，他对她的感情就不会是浪

---

[1]　原书注：莱基，《欧洲道德史》，第二卷，第350—351页。

漫爱情。浪漫爱情在中世纪刚刚出现的时候，它的对象不是那些可以与之发生合法或非法性关系的女人，它的对象是最体面的女人，道德和传统的巨大鸿沟使她们与浪漫的情人分隔开。教会非常彻底地履行了自己的职责，使男人相信性在本质上是不纯洁的，若要对一位女士产生任何诗意的感情，就必须把她视为高不可攀的。因此，只有柏拉图式的爱情才是美的爱情。现代人很难体会中世纪的诗人作为情人时的心理。诗人表达了热烈的爱情，却没有亲密接触的欲望——现代人可能觉得这是很奇怪的，以至于认为这些诗人的爱情不过是一种文学手法。毫无疑问，有时候的确如此，而且，文学手法主导了爱情的文学表达。可是，但丁在《新生》中表达对贝雅特丽齐的爱，不仅仅是一种文学手法；[1]相反，我认为这种感情比大多数现代人所知的更加热诚。中世纪的"精神高贵者"看不起这种世俗的生活，他们认为人类的本能是堕落和原罪的产物，他们憎恨肉体和肉欲，只有不包含性元素的醉心的沉思能够给他们带来纯粹的快乐。在爱情的领域，这种观点只能产生我们在但丁身上发现的那种态度。一个深爱并尊重某位女士的男人，不可能产生跟她性交的想法，因为所有的性交在他看来或多或少都是不纯洁的。因此，他用诗歌和想象的形式表现爱，他的爱自然而然地充满了象征主义。这一切对文学产生了卓越的影响，并反映在爱情诗的发展中：它始于弗里德里希二

---

[1] 译者注：但丁（Dante Alighieri，1265—1321），中世纪意大利诗人，欧洲文艺复兴时期的开拓人物。据说贝雅特丽齐是但丁的爱人，她是《新生》（*Vita Nuova*）的主要创作灵感，后来也出现在但丁的代表作《神曲》中。

世[1]的宫廷，繁盛于文艺复兴时期。

关于中世纪后期的爱情，我所知道的最好的描写之一是约翰·赫伊津哈的《中世纪的衰落》（*The Waning of the Middle Ages*，1924）。

（他写道，）在12世纪，当普罗旺斯的行吟诗人把未满足的欲望置于爱情的诗意概念的中心时，文明史发生了一个重要的转折。古代人也歌颂爱情的苦涩，但从来没有把这种苦涩想象成令人期待的幸福或者令人同情的挫败。皮拉摩斯和提斯柏、刻法罗斯和普罗克里斯[2]，他们的伤感之处在于他们的悲剧结局，在于他们令人心碎地失去了已经享有的幸福。另外，宫廷诗歌以欲望本身为基本主题，创造了一种带有消极基调的爱的概念。新的诗学理想没有放弃与感官之爱的所有联系，能够包容各种道德愿景。道德和文化的完美之花，如今在爱情这片田地盛开。宫廷恋人因为爱情而变得纯洁和高尚。精神因素越来越占主导地位，直到13世纪末，但丁及其友人的清新体[3]，最终使爱情拥有了一种带来虔诚和神

---

[1] 译者注：弗里德里希二世（Friedrich Ⅱ，1194—1250），神圣罗马帝国皇帝。他对科学有极大的兴趣，据说曾经做过一些残忍的人体实验。

[2] 译者注：皮拉摩斯和提斯柏（Pyramus and Thisbe），刻法罗斯和普罗克里斯（Cephalus and Procris），都是古罗马诗人奥维德在《变形记》中记录的故事。他们都是忠实、苦命的恋人，但都以悲剧结尾。

[3] 译者注：清新体（dolce stil nuovo），指发生于13至14世纪的意大利文学运动，其主题是"情爱"或"神圣"的爱。"清新体"这个名字首次使用是在但丁的《神曲·炼狱篇》中。

圣直觉的天赋。这里到达了一个极端。意大利诗歌逐渐回到了不那么崇高的情欲表达。彼特拉克[1]介于两派之间：一派是具有精深意义的爱情理想，另一派是更具自然魅力的过时模型。当文艺复兴时期的柏拉图主义潜藏在宫廷概念之中，产生了具有精神倾向情诗的新形式时，宫廷爱情的人为体系很快就被抛弃了，其中的微妙区别也不复存在。

然而，法国勃艮第的情况与意大利并不完全相同，因为《玫瑰传奇》[2]主导着法国贵族的爱情观——《玫瑰传奇》涉及骑士之爱，但不坚持认为这是一种无法满足的爱。事实上，它代表了对教会教义的极端厌恶，是一种近乎异教的断言，主张爱情在生活中的应有地位。

在《爱的艺术》中，上层阶级的知识和道德观念被奉为神圣——上层阶级的存在仍然是历史上一个相当特殊的事实。文明的理想和爱的理想在这个时代最紧密地结合在一起。经院哲学代表了中世纪精神的宏大成就，它把所有的哲学思想统一在一个中心。同样，宫廷爱情的理论在一个不那么崇高的领域中，倾向于包含一切属于高尚生活的东西。

---

[1] 译者注：指弗朗切斯科·彼特拉克（Francesco Petrarca，1304—1374），意大利学者、诗人。

[2] 译者注：《玫瑰传奇》（*The Romaunt of the Rose*），13世纪法国的一部长篇叙事诗，被认为是关于爱情的寓言。

《玫瑰传奇》并没有摧毁这个体系，只是改变了它的倾向，丰富了它的内容。[1]

那是一个非常粗鄙的时代，但《玫瑰传奇》提倡的爱情，是优雅、勇敢、温柔的爱情，是那种在牧师看来并不高贵的爱情。当然，这种观念只存在于贵族阶级，他们不仅有闲暇的时光，而且能够在一定程度上摆脱教会的控制。教会憎恶以爱情为主要动机的骑士比武大会，却又无力阻止这样的比赛。同样，它也无法压制骑士之爱的制度。在这个民主时代，我们很容易忘记各个时代的贵族所做的贡献。当然，在爱情复兴的问题上，如果没有骑士浪漫史的铺垫，文艺复兴不可能有如此高的成就。

在文艺复兴时期，由于对异教的反感，爱情通常不再是柏拉图式的，尽管它仍然是诗意的。文艺复兴对中世纪传统的看法，可以参考对堂吉诃德与杜尔西内亚的刻画。尽管如此，中世纪传统仍然有影响，锡德尼的《爱星者和星星》充满了这种思想，莎士比亚写给W. H.先生的十四行诗也深受影响。[2]但总的来说，文艺复兴时期的爱情诗以欢快和直率为主要特征。

---

[1] 原书注：赫伊津哈，《中世纪的衰落》，第95—96页。

[2] 译者注：堂吉诃德与杜尔西内亚是西班牙作家塞万提斯（1547—1616）的小说《堂吉诃德》中的主角。《爱星者和星星》（Astrophil and Stella）是英国诗人菲利普·锡德尼（Philip Sidney，1554—1586）的一首十四行诗，灵感来自他对姑姑已婚女仆的激情。莎士比亚的《十四行诗》是献给"W. H. 先生"的，但"W. H. 先生"的身份仍然存在争议。

不要讥笑我躺在你的床上，

这冰冷的寒夜快要把我冻僵。

伊丽莎白时代的一位诗人如是说。必须承认，这是一种直率不羁的感情，绝对不是柏拉图式的。然而，文艺复兴时期借鉴了中世纪的柏拉图式的爱情，将诗歌作为求爱的手段。《辛白林》（*Cymbeline*）中的克洛顿，因为写不出自己的情诗而被嘲笑，不得不雇了一位穷文人，后者写出了"听啊！听啊！云雀"这样的句子——有人会说，这是值得称道的成就。奇怪的是，在中世纪之前，虽然有大量的关于爱情的诗歌，但几乎没有直接与求爱相关的诗歌。有些中国诗歌表现了女人因为丈夫不在而悲伤；[1]在神秘的印度诗歌中，灵魂被描述为新娘渴望新郎的到来，而这里的新郎就是上帝。但人们可以推断，如果男人几乎毫不费力就可以得到他们想要的女人，那就几乎没有必要用音乐和诗歌向她们求爱了。从艺术的角度看，如果女人太容易得到，就必然会带来遗憾，最理想的情况是，很难得到她们，但并非不可能。文艺复兴之后，这种情况或多或少已经存在。困难部分来自外部，部分来自内部，内部的困难主要源于对传统教义的顾虑。

浪漫爱情在浪漫主义运动中达到顶峰，人们也许会把雪莱[2]

---

[1] 译者注：通常是指闺怨诗。但需要说明的是，中国的许多闺怨诗并不是女人表达对丈夫的思念，而是男人表达自己的郁郁不得志，所以严格来说并不是爱情诗。

[2] 译者注：雪莱，指珀西·比希·雪莱（Percy Bysshe Shelley，1792—1822），英国著名的浪漫主义诗人。

视为浪漫主义的主要倡导者。在坠入爱河的时候，雪莱充满了细腻的情感和富于想象力的思想，所有这些都适合用诗歌来表达。很自然地，他认为产生这些结果的情感是完美无瑕的，他看不出有什么理由需要克制爱情。然而，他的论据建立在错误的心理之上。正是那些遏制他欲望的障碍促使他写诗。如果那位高贵而悲惨的艾米莉亚·维维亚尼（Emilia Viviani）女士没被送进修道院，他就没有必要写《心之灵》（*Epipsychidion*）；如果简·威廉姆斯（Jane Williams）不是一位贤惠的妻子，他永远都不会写《回忆》（*The Recollection*）。他所抨击的社会壁垒，刺激他完成了最重要的佳作。雪莱笔下的浪漫爱情依赖于一种不稳定的平衡状态：传统的壁垒仍然存在，但并非不可逾越；如果壁垒过于森严，或者完全没有壁垒，浪漫爱情就不可能蓬勃发展。中国古代的婚姻原则就是一个极端。在这种原则下，男人除了自己的妻子，永远不会遇到除母亲外任何值得尊敬的女人，当他觉得妻子不能满足他时，他就会去妓院；他的妻子是别人为他挑选的，可能直到婚礼当天才相识。因此，他所有的性关系都完全脱离了浪漫意义上的爱情，他也不需要求爱——求爱是爱情诗的源泉。另外，在完全自由的状态下，一个有能力写出伟大爱情诗的男人很有可能通过他的魅力获得巨大的成功，以至于他很少需要用丰富的想象力来征服一个女人。因此，爱情诗依赖于传统和自由之间的某种微妙平衡，无论哪一方失衡，爱情诗都不能以最好的形式存在。

然而，爱情诗并不是爱情的唯一目的。即使在没有产生艺术表达的地方，浪漫爱情也可以蓬勃发展。我个人相信，浪漫爱情是生活所能提供的最强烈快乐的源泉。如果爱情中存在激情、想象和温柔，那么这种男女关系具有不可估量的价值，对任何人来说，不了解这种价值都是极大的不幸。我认为重要的是，一个社会制度应该允许这种快乐，尽管它只是生活的调剂品，而不是生活的主要目的。

在现代，也就是在法国大革命之后，已经形成了这样一种观点：婚姻应该是浪漫爱情的结果。大多数现代人认为这是理所当然的（至少在讲英语的国家是这样），他们不知道不久之前这是一项革命性的创新。一百年前的小说和戏剧主要讲述的是年轻一代的抗争，他们想要建立新的婚姻基础，反对家长选择的传统婚姻。抗争的效果是否让革新者满意，这或许值得怀疑。在这里有必要提及马拉普洛普夫人[1]的原则：爱和厌恶都会在婚姻中逐渐消失，所以刚开始时最好先有一点厌恶。可以肯定的是，如果夫妻双方在结婚之前没有任何性知识，那么在浪漫爱情的影响下，每个人都会对对方有超越完美的想象，并认为婚姻将是一场幸福的长梦。如果女性在纯洁无知的环境中长大，无法区分"性饥渴"与"情投意合"，那么就特别容易发生这种情况。美国比其他任何地方都更加重视浪漫的婚姻观，美国的法律和习俗都是建立在未婚女人的梦想之上，然而，其实际结果却是离婚极其普遍，幸福婚姻极其少见。相较于两个人相互陪伴的快乐，婚姻是更加严

---

[1]　译者注：马拉普洛普夫人，理查德·布林斯利·谢里丹（Richard Brinsley Sheridan）的戏剧《情敌》（*The Rivals*）中的角色。

肃的事情。它是一种制度，通过生育后代，它成为各部分紧密交织的社会的一部分，它的重要性远远超出了丈夫和妻子的个人感情。浪漫爱情应该成为婚姻的动机，这也许是好的——我认为这是好的，但应该理解的是，使婚姻幸福并实现社会目的的爱情，并不是浪漫爱情，而是更亲密、更深情、更现实的东西。在浪漫爱情中，人们无法清晰地看到心爱之人，中间隔着一层迷雾。毫无疑问，某种类型的女人即使在结婚后仍然被这种迷雾笼罩，前提是她拥有特定类型的丈夫。但要实现这一点，她必须避免与丈夫发生真正的亲密关系，像斯芬克司一样隐藏自己内心深处的想法和感受，以及保持一定程度的身体隐私。然而，这些花招会妨碍婚姻实现最好的可能性——这种可能性依赖于一种完全不掺杂幻想的深情亲密。此外，"浪漫爱情对婚姻至关重要"的观点过于混沌，就像圣保罗的观点在相反意义上的表达，忘记了正是孩子才使婚姻变得重要。如果没有孩子，就不需要任何关于性的制度；可一旦有了孩子，丈夫和妻子就必须意识到，他们对彼此的感情不再是最重要的。

三个圈专家伴读　为什么"贞洁"对女性来说是一种道德绑架?

杜素娟

英国作家哈代曾经写过一部作品《德伯家的苔丝》，讲了一个失贞女性的故事：苔丝被富家子弟强暴并生下了私生子，后来苔丝与安玑·克莱相爱，安玑·克莱被苔丝的真诚善良所吸引，但在知晓苔丝曾经失贞生育之后，就离开了苔丝，导致了苔丝悲惨的命运。哈代在讲述苔丝这个失贞女性故事的同时，却加了一个副标题：一个纯洁的女人。

苔丝的故事背后，其实隐藏着一个困扰东西方女性的共同的道德束缚：贞洁观念。突破这个观念，成为女性获得自身解放的一个最大障碍。本章集中讨论了贞洁观念的荒诞与不合理，并把这种突破视为女性解放的重要一步。

法国大革命之后，女权意识日渐觉醒，女性努力追求跟男性的"道德平等"。但早期女性对男女"道德平等"的理解比较狭隘，她们主要要求男女都应该接受同样的道德束缚。比如，如果要求女性贞洁，那么也应该同样要求男性贞洁。当女性这样理解"道德平等"的时候，她们其实依然立足于陈旧的道德立场，因为她们反对的不是道德本身，而是道德只约束女性这件事，因此要求道德的枷锁不仅要套在女性身上，也要套在男性身上。

罗素认为这种要求根本不可能实现，因为"男性可以轻松地秘密犯罪"：一方面他们不会因为怀孕而败露；另一方面他们也没有被父母看管，约束在四堵院墙里面，更何况社会上还有娼妓的存在。

　　但1914年以后，也就是一战以后，女性的"道德平等"要求开始发生本质的改变，她们提出了全新的道德观念，那就是要求破除贞洁观念。她们的要求不再是让男性跟自己一样守贞，而是要求女性跟男性一样不受贞洁观念的束缚。这种新道德观念在当时受到极大的阻碍，但是这代表着人类历史发展的方向。

　　我们从这段历史中，最重要的是要看到为何会取得这种进步，归根结底还是因为生产方式的改变。一战以后，随着工业革命的发生，很多女性都可以独立谋生，战争期间甚至从事着很多原来由男性承担的职业。女性已经走出了家庭，进入了社会。在这种社会条件下，要把她们重新赶回家中并禁止外出是不可能的。

　　因此，罗素坚信无论面对什么样的危险和苦难，人类都必须让世界继续前行而不是后退。所以，讨论如何回到旧道德是违背人性的，只有讨论我们需要什么样的新道德，才是有价值的。

第七章
女性解放

目前的性道德处于过渡状态，这主要有两个原因：一是避孕用品的发明，二是女性的解放。我将在后面讨论第一个原因，本章的主题是女性解放。

女性解放是民主运动的一部分，它始于法国大革命，我们已经看到，法国大革命使继承法朝着对女儿有利的方向修改。玛丽·沃斯通克拉夫特（Mary Wollstonecraft）的《为女权辩护》（*A Vindication of the Rights of Women*，1792）是法国大革命的思想产物，同时也激发了法国大革命。从她的时代一直到今天，主张男女平等的呼声不断高涨，也不断取得成功。约翰·斯图尔特·穆勒（John Stuart Mill）的《妇女的屈从地位》（*The Subjection of Women*）是一本有理有据、说服力强的书，对他之后的更有思想的一代人产生了巨大的影响。我的父亲和母亲都是穆勒的弟子。早在19世纪60年代，我的母亲就曾发表演讲支持妇女的投票权。她非常热衷于女权主义，以至于接生我的医生是第一位女医生加勒特·安德森（Garrett Anderson）——当时她还不被允许成为合格的医师，只是一名有证书的助产士。早期的女权主义运动局限于上层阶级和中产阶级，因此没有太强的政治力量。每年都会有赋予女性投票权的法案提交给议会，但总是由某某先生提出，某某先生附议，这在当时绝不可能通过。然而，中产阶级的女权主义者在自己的领域取得了巨大的成功，即通过了《已婚妇女财产法》（Married Women's Property Act，1882）。在该法案通过之前，已婚妇女可能拥有的所有财产都在她丈夫的控制之下，当然，如果是在有信托制度的地方，丈夫不能够动用这些资本。政治领域女权运动的后续是近期发生的事情，广为人知，这里就不再赘述。但值得注意的是，鉴于该问题所涉及的观念上的巨大改变，大多数文明国家的妇女正在以前所未有的速度获得政治权利。奴隶制的废除或多或少有些类似，但毕竟奴隶制不存在于近代的欧洲国家中，也不涉及男女关系这样的亲密之事。

我认为，有两个方面的原因造成了这种突然的变化：一方面是民主理论的直接影响，它导致人们无法为女性的诉求找到任何合乎逻辑的答案；另一方面是基于一个事实，即越来越多的女性在家庭之外独自谋生，她们日常生活的舒适并不依赖于父亲或丈夫的恩惠。这种情况在战争[1]期间达到了顶峰，当时通常由男性承担的大部分工作不得不由女性承担。在战争之前，人们普遍反对妇女投票权的一个理由是，妇女往往是和平主义者。而在战争

---

[1] 译者注：指第一次世界大战。

期间，女性有力地反驳了这一指控，她们因为参与了流血的工作而获得投票权。那些理想主义的先驱者曾经设想女性会抬高政治的道德基调，她们可能会对这个结果感到失望，但这似乎就是理想主义者的命运：以一种破坏理想的形式获得她们为之奋斗的东西。当然，女性的权利并不是基于女性在道德上或在任何其他方面都优于男性的信念，这完全取决于她们作为人的权利，或者取决于支持民主的一般论据。倡导者试图用这样一种观点加强一般论据，即女性具有特殊的优点，这些优点通常被认为属于道德秩序的范畴——这种情况在被压迫的阶级或民族争取自己的权利时经常发生。

然而，政治上的女性解放与我们的主题没有直接的关联，在婚姻和道德方面，重要的是社会意义上的女性解放。在早期的西方，在我们这个时代之前的东方，确保女性忠贞的方法是隔离她们。社会并没有试图让她们进行内在的自我控制，一切的努力都是为了让她们没有犯罪的机会。西方社会从来没有全心全意地采纳这种方法，但体面的女性自幼接受的教育使她们对婚外性行为产生恐惧。随着这种教育方法越来越完善，外在的壁垒也逐渐消除。那些竭力消除外在壁垒的人相信，内在壁垒就已经足够了。例如，人们认为监护人[1]是没有必要的，因为无论有什么样的机会，受过良好教育的好女孩绝不会屈服于年轻男子的追求。在我年轻的时候，体面的女性普遍认为，绝大多数女性不喜欢性交，

---

[1] 译者注：监护人（chaperon），指陪同未成年人或年轻人参加社交活动或旅行的成年人。

只是出于责任感才会忍受性交，基于这种观点，她们并非不愿意冒险让自己的女儿获得更大程度的自由，只是这种自由在更现实的时代似乎是不明智的。结果可能和预期不一样，这种差异既体现在妻子身上，也体现在未婚女性身上。维多利亚时代的女性，以及现代的许多女性，都被关在精神的牢笼之中。潜意识中的压抑构成了这个牢笼，使她们很难意识到牢笼的存在。在我们这个时代的年轻人身上，这种压抑已经开始松动，并导致隐藏在假正经之下的本能欲望再次出现在意识之中。这对性道德产生了革命性的影响，范围不只是一个国家或一个阶级，而是所有的文明国家和所有的阶级。

男女平等的诉求从一开始就不仅涉及政治问题，而且涉及性道德。玛丽·沃斯通克拉夫特的观点是完全现代的，但后来的女权先驱在这方面并没有模仿她。相反，这些女权先驱大多是刻板的道德家，希望把迄今为止只有女性忍受的道德枷锁也强加给男性。然而，1914年以来，年轻女性在没有太多理论支持的情况下，走上了一条不同的道路。战争带来的情绪激动无疑是造成这种背离的直接原因，但无论如何，这种背离迟早会发生。在过去，女性忠贞的动机主要是对地狱之火和怀孕的恐惧，神学正统的衰落消除了前者，而避孕用品消除了后者。在一段时间内，习俗和心理惯性的力量继续维持着传统道德，但战争的冲击摧毁了这些壁垒。现代的女权主义者不再像三十年前的女权主义者那样急于减少男人的"罪行"，她们的要求是，允许男人做的事情也应该允许女人做。她们的前辈在道德奴役中寻求平等，而她们在道德自由中寻求平等。

这场运动才刚刚开始，我们无法判断它将如何发展。到目前为止，它的大部分拥护者和实践者都很年轻，其中很少有德高望重的人。警察、法律、教会和年轻人的父母会阻止他们了解关于权力来源的事实。但总的来说，年轻人非常善良，如果事实会给某些人带来痛苦，年轻人就会隐瞒这些事实。比如林赛法官[1]这样宣扬事实的作家，老年人认为他们是在诽谤年轻人，尽管年轻人完全不觉得自己被诽谤了。

当然，这种状况不会持续太久。我们还不确定下面哪一件事会先发生：要么是老年人意识到这些事实，并着手剥夺年轻人刚刚获得的自由；要么是正在成长的年轻人自己获得了地位和名望，从而使权威有可能认可新的道德。我们可以推测，一些国家会是其中一种情形，另一些国家会是另一种情形。在意大利，不道德的事情和其他任何事情一样，都是政府的特权，是为了加强"美德"而进行的努力尝试。俄罗斯的情况正好相反，因为政府站在新道德的一边。在德国的新教地区，自由有望获胜；而在天主教地区，这个问题充满了不确定性。法国几乎不可能动摇历史悠久的传统，即人们可以容忍一定程度的道德败坏，但必须在确定的界限之内。英国和美国将发生什么，我不敢预言。

然而，让我们暂停片刻，考虑一下男女平等诉求的逻辑含义。从远古时代开始，男性就被允许沉溺于不正当性关系——即便理

---

[1] 译者注：林赛法官，指本·林赛（Ben B. Lindsey，1869—1943），美国法官、社会改革者。林赛法官的更多观点，可以参阅本书的第十二章。

论上不是这样，但实践中如此。男性在结婚之前不必保持童贞；即使在结婚后，如果能够瞒着妻子和邻居，通奸也不被认为是很严重的事，可能是卖淫导致了这种制度。然而，一个现代人很难为这种制度辩解，也很少有人会提议女性应该获得和男性同样的权利：建立一个男妓阶层，满足那些希望和丈夫一样，虽然行为并不高尚，但看起来很高尚的女性。可以肯定的是，在晚婚盛行的今天，很少有男性会保持禁欲，除非他们有能力与同阶层的女性建立家庭。如果未婚男性不打算禁欲，那么基于平等权利的理由，未婚女性也会主张她们不必禁欲。道德家肯定会对这种情况感到遗憾。任何一位传统道德家如果费心思考过这个问题，都会发现自己实际上是在奉行所谓的"双重标准"，也就是说，他认为女人的忠贞比男人的忠贞更重要。我们可以认为，他的理论道德也应该要求男人禁欲。对此，一个明显的反驳说，这种要求不能强加给男人，因为他们很容易偷偷犯罪。所以，传统道德家违背了自己的意志，不仅致力于男女之间的不平等，而且认为年轻男子与妓女交往胜过与同阶层的女孩交往，尽管他与妓女的关系是基于钱财，而与同阶层的女孩的关系可能是深情的和愉悦的。当然，道德家不会考虑鼓吹一种明知不会被遵守的道德有什么后果。他们认为，只要他们不提倡卖淫，他们就不必为下面这个事实负责：卖淫是他们的说教所不能阻止的必然结果。然而，这恰恰证明了一个众所周知的事实：我们这个时代的职业道德家是智力低于平均水平的人。

鉴于上述情况，很明显，只要许多男性因为经济原因无法早婚，同时许多女性根本不可能结婚，那么男女平等就需要降低对女性忠贞的传统标准。如果男性可以有婚前性行为（事实的确如此），那么必须允许女性也可以这么做。在女性多于男性的国家，必然有部分女性由于统计学上的原因而保持独身，完全禁止她们发生性行为显然是不公平的。毫无疑问，女权运动的先驱者没有考虑这样的后果，但她们的现代追随者清楚地意识到了这一点，任何反对这些推论的人都必须面对这样一个事实：他（她）不支持女性的性正义。

新道德与旧道德的对立凸显出一个非常鲜明的议题。如果不再要求女孩的贞操和妻子的忠诚，那么结果将是：要么采取新的方法保护家庭，要么默许家庭的破裂。也许有人会提议，生育后代只能发生在婚姻之内，所有的婚外性行为都必须使用避孕用品。在这种情况下，丈夫可能学会宽容妻子的情人。眼下这种方案的困难在于，它要求我们更多地依赖避孕用品的功效和妻子的忠诚，而不是依赖理性。然而，这种困难可能会随着时间的推移而减弱。符合新道德的另一种选项是父职（作为一种重要的社会制度）的衰落，并由国家接管父亲的职责。在特定的情况下，如果一个男人确定了自己的父亲身份，并且喜欢他的孩子，那么他当然自愿承担目前的父职，为孩子的母亲和孩子提供经济支持，但法律并不强迫他这么做。事实上，所有的孩子都会像现在的私生子一样不知道自己的父亲是谁，只不过国家把这种情况视为正常，相比于现在，国家会在养育孩子方面花费更多的心力。

另外，如果要重建旧道德，有些事情是必不可少的，其中的一些措施已经实践，但经验表明，仅靠这些措施并不有效。第一件事情是，对女孩的教育应该使她们变得愚蠢、迷信和无知，在教会管理的学校，这一点已经满足了。第二件事情是，严格地审查所有涉及性的书籍，这个条件即将在英国和美国实现，因为在不改变法律的情况下，审查制度由于警察日益高涨的热情而变得更加严格。这些条件是已经存在的，所以它们显然还不够。唯一能够满足条件的事情，就是剥夺年轻女性与男性单独相处的机会：必须禁止女孩在家庭之外谋生；外出必须有母亲或姑婶的陪同；不带监护人参加舞会是一种错误的做法，必须严格禁止；五十岁以下的未婚女性拥有汽车是违法的。也许明智的做法是，让所有的未婚女性每月接受一次警医的体检，然后把所有不是处女的人关进监狱。当然，必须杜绝避孕用品的使用；在与未婚女性的谈话中，必须禁止质疑"永恒诅咒"的教条。如果贯彻这些措施长达一百年或者更久，也许会阻止一些不道德行为的增加。但我认为，为了避免某些虐待的风险，所有的警察和医务人员都应该被阉割。考虑到男人个性中固有的堕落，也许进一步推行这项政策是明智的。我倾向于认为，道德家应该提倡阉割除了牧师之外的所有人。[1]

可以看出，无论采取何种做法，我们都会遇到困难和阻碍。如果我们对这种新道德听之任之，它必然会比现在走得更远，并

---

[1] 原书注：在读了 *Elmer Gantry* 之后，我开始觉得这种例外或许也不太明智。（译者注：这本书有中文版，即辛克莱·刘易斯的《灵与欲》，这部小说后来被拍成了电影《孽海痴魂》。）

引发人们迄今几乎未预料到的困难。另外，如果我们试图在现代世界实施过去时代的限制，就会被引入一种不可能实行的严格规定——人类的本性很快就会反抗这种规定。很明显，无论有什么危险或困难，我们都必须心甘情愿让世界前进，而不是后退。为此目的，我们需要一种真正的新道德。我的意思是，人们会承认新的义务和责任，虽然它们可能完全不同于过去的义务和责任。只要所有的道德家仍然满足于鼓吹退回到一个像渡渡鸟那样已经灭绝的制度中去，他们就无法从道德的角度解释新自由，也无法解释新自由带来的新责任。我不认为新制度比旧制度更应该容纳对冲动的无节制的屈服，但我认为，限制冲动的场合与时机必须跟过去不同。事实上，我们需要重新思考性道德的所有问题。后面的这些章节会对这个话题贡献一点绵薄之力。

三个圈专家伴读

保持社会的道德水平，就是要禁止性教育吗？

杜素娟

1929年，社会工作者丹尼特夫人被送上了法庭，原因是她曾写过一本介绍性知识的小册子，对儿童进行性知识教育。可见面对性知识教育问题，当时的社会舆论是如何噤若寒蝉的。

罗素在这一章就围绕该现象展开了论证。

当时的很多保守者都主张不向下一代传递性知识，以此来预防社会中出现不良的风气。罗素举了个例子：很多孩子都好奇自己是怎样来到这个世界的，但是家长们往往会回避这个问题，不传递相关的知识，甚至使用各种谎言的方式来应答。

这样做有什么结果呢？

罗素认为只有两种：要么是造成性羞耻，要么是造成性好奇。在前一种情况里，成年男女既不会尊重性，也不会尊重婚姻，性关系更是令他们感到恶心。这会直接影响他们在婚姻中与伴侣的关系，因为两性行为虽然会带给他们欢愉的生理体验，但也会以道德上的耻辱感惩罚他们。很多人甚至因此发生性心理的压抑、扭曲和变态。在后一种情况里，性问题被搞得鬼鬼祟祟、神神秘秘，罗素认为越是这么做，越会激发孩子们盲目的好奇心。罗素举例说，在裸体是一种禁忌、人们连父母的身体都看不到的时代里，露出脚踝都会激发情欲。但如果人们坦然地裸露皮肤，当裸体不再是秘密，而是随处可见时，裸体也就失去了激发狂乱情欲的神秘吸引力。

　　还有很多保守者主张在社会文化中屏蔽一切与性有关的话题，人为制造相关的敏感词汇，然后严防死守，不许这些词汇出现在人们的视野之内。罗素认为这些做法不但徒劳无功，根本起不到肃清道德风气的作用，相反只是暴露了自身的愚蠢。

　　比如，在欧美一度盛行的出版物审查制度中，规定讨论性话题时只能使用大众看不懂的技术性词汇，而不许使用任何大众看得懂的词汇。所以一本写给底层劳动妇女看的节育小册子被定为淫秽的，但如果用高深的、只有受过上层教育的人才能看懂的医学词汇来写节育问题，就是合法的。罗素讽刺地说，这意味着一个事实：教上层人节育是合法的，教底层人节育就是犯罪。

第八章
性知识的禁忌

为了建立一种新的性道德，我们必须扪心自问的第一个问题，并不是如何规范男女关系，而是人为地让男人、女人和孩子对性保持无知是否合适？我把这个问题放在第一位，是因为对性的无知会极大地伤害个人，必须依靠无知才能延续的制度是不可取的——这是我在本章中试图说服读者的观点。我想说，性道德必须具备如下原则：它必须得到见多识广者的认可，而不是依靠无知来吸引别人。这属于一种更广泛的学说，虽然政府或警察从来没有采纳过这种学说，但从理性的角度看它似乎是不容置疑的。该学说认为，除了极少数情况外，正确的行为不会因为无知而得到促进，也不会因为知事明理而受到阻碍。当然，如果A希望B的行为符合A的利益而不符合B的利益，那么A最好不要让B知道B的真正利益所在。这一事实充分体现在股票交易中，但通常被认为属于更高的道德体系。它涵盖了政府隐瞒事实的大部分活动——例如，每个政府都希望避免提及战争中的失败，因为战败消息的扩散可能会导致政府垮台，尽管这通常符合国家的利益，但不符合政府的利益。对性的事实保持沉默至少在一定程度上是出于相似的动机，尽管它们属于不同的部分。最开始，只有女性需要保持无知，她们的无知是为了促进男性统治。但逐渐地，女性默认了"无知是忠贞的基本要素"这一观点。部分是由于她们的影响，人们开始认为，无论男女，儿童和年轻人都应该尽可能地对性的问题一无所知。在这个阶段，动机不再是统治，而是进入了非理性的禁忌的领域。没有人研究过无知是否可取，甚至用证据证明无知有危害的行为都是违法的。下面这段话可以作为我对这个问题的论述，摘自1929年4月25日的《曼彻斯特卫报》（*Manchester Guardian*）：

美国自由派人士对玛丽·韦尔·丹尼特（Mary Ware Dennett）夫人的庭审结果感到震惊。昨天，布鲁克林的一个联邦陪审团裁定丹尼特夫人有罪，罪名是通过邮件发送淫秽印刷品。丹尼特夫人写了一本备受赞誉和广泛使用的小册子，这本小册子用严肃的语言向儿童介绍了性的基本知识。她可能面临五年的监禁或一千英镑的罚款，或两者并罚。

丹尼特夫人是一位著名的社会工作者，也是两个成年儿子的母亲，她在十一年前写这本小册子的初衷是教育两个孩子。它被刊登在一本医学杂志上，并在编辑的请求下以小册子的形式重印。这本小册子得到了许多著名医生、牧师和社会学家的认可，基督教男青年会和基督教女青年会也分发了上万份。在纽约一个时髦的郊区布朗克斯维尔，它甚至被用在市立学校系统中。

来自新英格兰的沃伦·B. 伯罗斯（Warren B. Burrows）担任主审，他排除了上述的所有事实，并拒绝让等待做证的杰出教育家和医生表明立场，也不允许陪审团听取著名作家对丹尼特夫人作品的支持。审判实际上就是向陪审团大声朗读这本小册子。陪审团由布鲁克林年老的已婚男性构成，这些人之所以被选中，是因为他们从未读过亨利·L. 门肯（H. L. Mencken）或哈夫洛克·霭理士的任何作品——这是检察官提出的一项测试。

《纽约世界报》（New York World）说，如果禁止发行丹尼特夫人的作品，那么美国年轻人就不可能看到关于性的坦率而诚实的表达。这个结论似乎是正确的。本案将提交至更高一级的法院审理，人们将怀着极大的兴趣等待法院的裁决。[1]

这个案子碰巧发生在美国，但它在英国也可能发生，因为英国的法律和美国的法律几乎是一样的。我们可以看到，对于那些向青少年传播性知识的人，法律不允许他们提交证明青少年需要性知识的专家证据。我们还可以看到，在这类起诉中，控方坚持

---

[1] 译者注：丹尼特夫人的小册子名为《生活中的性》（The Sex Side of Life），涵盖了手淫、性病、卖淫、节育等话题。在后来的上诉中，上诉法院撤销了判决，认为这本小册子显然不是淫秽的，并要求释放丹尼特夫人。

要求陪审团由完全无知的人组成，这些人没有读过任何能使他们理性判案的东西。法律直截了当地宣布，儿童和青少年不应该了解性的事实。法律完全不关心这种了解对他们是否有益。

不过，既然我们不是在法庭上，这本书也不是写给儿童的，那么我们也许可以讨论这样一个问题：在官方层面，让儿童处于无知状态的传统做法是不是可取的？

对待孩子的传统做法是，父母和老师让他们尽可能地保持无知。他们从未见过父母的裸体，在很小的时候（如果住房条件充裕的话），他们也没有见过异性兄弟姐妹的裸体。他们被告知永远不要触摸自己的性器官，也不要讨论性器官；所有关于性的问题都是以震惊的语气回答"嘘，嘘"。他们被告知，孩子是由鹳带来的，或者是在醋栗丛下挖出来的。[1]他们迟早会从别的孩子那里了解这些事实，但这种了解多少有些含糊。孩子们偷偷地讨论这些事实，由于父母的教育，他们认为这些事实是"下流的"。孩子们会推断，他们的父母对彼此做了下流的事情，他们自己也为此感到羞愧，因为父母费了很大的力气来掩饰这一点。孩子也意识到，那些他们原本寻求指点和教导的人，其实一直在系统性地欺骗他们。于是，他们对父母、对婚姻、对异性的态度不可挽回地被毒害了。受过传统教育的男人和女人，很少学会体面地对待性和婚姻。他们所受的教育告诉他们：欺骗和撒谎在父母和老

---

[1]　译者注：送子鹳是西方传说中的一种鸟，其原型是白鹳。据说它落在谁家的屋顶上，谁家就会喜得贵子。在英文俚语中，醋栗丛（gooseberry bush）指的是阴毛，因此父母会用这个词委婉地向孩子解释生殖的过程。

师眼中是美德；性关系多少是令人厌恶的，即使是在婚姻中；在生育后代的过程中，男人屈服于他们的动物本性，而女人屈服于一种痛苦的责任。这种态度使男人和女人都对婚姻不满意，本能满足的缺乏导致了伪装成道德的残酷。

正统道德家[1]对性知识问题的看法，我认为可以公平地表述如下：性冲动是一种非常强大的冲动，在不同的发育阶段以不同的形式表现出来。在婴儿期，它的表现形式是渴望触摸和玩弄身体的某些部位；在后来的儿童期，它表现为好奇心和喜欢说"下流的"话；在青春期，它出现了更成熟的表现形式。毫无疑问，性思想促进了不当的性行为，而通向美德的最佳途径就是让年轻人的身心都被与性完全无关的事占据。因此，不应该告知他们关于性的任何事情；必须尽可能避免他们谈论这个话题，成年人必须假装这样的话题并不存在。于是，一个女孩可能在新婚之夜仍然对性一无所知，我们可能会预料到，这些事实会让她感到震惊，而由此产生的性态度就是那些严厉的道德家认为女性应该有的态度。对于男孩来说，事情更加困难，因为我们不能指望他们在十八九岁以后完全无知。正确的做法是告诉他们，手淫必然导致精神错乱，嫖妓必然导致性病。这两种说法都不正确，但它们都是善意的谎言，都是为了道德而被编造出来的。也应该教导男孩在任何情况下都不允许谈论性话题，即使是在婚姻中。这增加了一种可能性：当他结婚时，他会让妻子也厌恶性，从而使她不太

---

[1] 原书注：包括警察和地方法官，但几乎没有现代的教育工作者。

可能通奸。婚外性行为是罪恶，但婚内性行为不是，因为它对于人类物种的繁衍是必要的；性行为是对堕落的惩罚，是强加给人们的令人不快但必须承受的义务，就像病人必须承受手术一样。遗憾的是，除非付出了极大的努力，否则性行为往往和愉悦联系在一起，但通过足够的道德担忧，就可以防止这种欢愉——至少在女性身上可以做到。认为妻子可以而且应该从性交中获得快感的廉价出版物，在英国被认为是非法的。我曾经亲耳听到，一本小册子因为这个原因和其他理由而在法庭上被判决为淫秽。法律、教会和传统的青年教育者的态度，正是基于上述对性的看法。

在考虑这种态度对性的影响之前，我想先聊一聊它在其他方面的后果。我认为，首要的和最严重的后果是遏制了年轻人对科学的好奇心。聪明的孩子想知道世界上的一切。他们会问关于火车、汽车和飞机的问题，问是什么产生了雨，以及是什么产生了婴儿。所有这些好奇心对孩子来说没有什么差别，他们只是遵循了巴甫洛夫[1]所谓的"它是什么"反射，这种反射是所有科学知识的源泉。在满足求知欲的过程中，孩子发现某个方向的求知欲被认为是邪恶的，这抑制了他对科学的好奇心。他一开始并不明白，什么样的好奇心是被允许的，什么样的好奇心是不被允许的：如果不能问"婴儿是如何制造的"，那么孩子会得出结论，同样不能问"飞机是如何制造的"。无论如何，他被迫得出这样的结论：对科学的好奇心是一种危险的冲动，绝不能听之任之。

---

[1] 译者注：巴甫洛夫，指伊万·巴甫洛夫（1849—1936），苏联生理学家，因为对条件反射的研究而知名。

孩子在获取任何知识之前，都会纠结地询问这是一种有益的知识还是一种有害的知识。对性的好奇心在消退之前通常是非常强烈的，所以孩子会得出这样的结论：他渴望的知识都是邪恶的，而唯一符合道德的知识就是人类不渴望的知识，比如九九乘法表。满足求知欲原本是所有健康儿童的一种自发的冲动，但现在这种冲动被摧毁了，孩子们被人为地弄愚蠢了。我认为不可否认的是，女性通常不如男性聪明，我相信这在很大程度上是因为女性在年轻的时候被更有效地剥夺了对性的求知欲。

除了这种智力上的损害，在大多数情况下还会有非常严重的道德上的损害。正如弗洛伊德首先指出，并且每个与孩子亲密接触的人很快会发现的那样，关于鹳和醋栗丛的谎言通常无法说服孩子。孩子会因此得出结论：父母倾向于对他撒谎。如果父母在一件事情上撒谎，他们就有可能在另一件事情上也撒谎，于是他们的道德权威和智力权威就被摧毁了。此外，由于父母在涉及性的问题上撒谎，孩子会得出结论，他们也可以在类似的问题上撒谎。孩子们会相互讨论，很可能会偷偷自慰。通过这种方式，孩子养成了欺骗和撒谎的习惯；同时，由于父母的威胁，他们的生活充满了恐惧。精神分析表明，父母和保姆经常恐吓孩子说手淫会造成恶劣的后果，这是神经紊乱的一个很常见的原因，不仅在儿童时期，在成年生活中也是如此。

因此，对于年轻人的性，传统的处理方法使人们变得愚蠢、狡诈和胆怯，使相当一部分人处于精神失常或类似状态的边缘。

如今，所有必须与年轻人打交道的聪明人在一定程度上都认识到了这些事实。然而，法律和执法人员并没有认识到，本章开头引用的案例明确地显示了这一点。因此，目前的情况是，所有处理儿童问题的知识渊博的人都不得不做出选择：要么违反法律，要么给他负责的儿童造成不可弥补的道德损害和智力损害。改变法律是很困难的，因为大多数上了年纪的男人都非常变态，他们的性快感取决于他们认为性是邪恶的和下流的。恐怕只有等现在的老年人或中年人都死了，改革才有希望。

到目前为止，我们已经探讨了传统方法在性领域之外的不良影响，现在是时候考虑这个问题中更明确的性的方面。毫无疑问，道德家的目标之一是防止人们沉迷关于性的话题，这种沉迷在今天仍然很常见。伊顿公学[1]的一位前校长最近说，男学生的谈话几乎尽是些无聊的或淫秽的内容，尽管他接触的男生都是从小接受最传统的教育。性的神秘极大地增加了年轻人对这个问题的天生好奇心。如果成年人像对待其他话题一样对待性，回答孩子的所有问题，尽可能多地给他们想要的或能理解的信息，孩子就永远不会有"淫秽"的概念，因为这个概念建立在某些话题不能被提及的信念之上。对性的好奇心和其他的好奇心一样，一旦满足了就会消失。所以到目前为止，防止年轻人沉迷于性的最好方法就是把他们想知道的尽可能多地告诉他们。

---

[1] 译者注：伊顿公学是英国著名的男子公学，学生的年龄在十三至十八岁，招收的学生通常来自王室、贵族，被认为是政治界、经济界精英的摇篮。

我这么说不是基于推理，而是根据经验。在我的学校[1]里，我观察到的孩子已经确凿地证明了这样一种观点：是成年人的假正经造成了儿童的龌龊。我自己的两个孩子（一个七岁的男孩和一个五岁的女孩）从来没有被教导过性或者排泄有什么奇怪之处，到目前为止，他们在最大程度上被保护起来，不知道"体面"的概念，也不知道与之相对的"不体面"的概念。他们对"婴儿从哪里来"的话题表现出自然而健康的兴趣，但比不上对发动机和铁路的兴趣。无论有没有大人在场，他们都不会表现出对这些话题刨根问底的倾向。至于学校里的其他孩子，我们发现，如果他们在两三岁或者四岁的时候来我们这里，他们的发展就和我们自己的孩子是一样的。但那些六七岁时来我们这里的孩子，大多数已经被教导过涉及性器官的任何事情都是不恰当的。他们惊奇地发现，学校里的人们在谈论性的时候，口吻与谈论其他事情没有什么区别。一段时间后，他们也能轻松地谈论曾经觉得不体面的话题，然而，他们发现成年人并不会阻止这些谈话，他们逐渐对这些话题感到厌倦，变得心地纯洁，就像那些从不知道体面为何物的孩子。刚来学校的孩子试图开启一些他们天真地以为不恰当的谈话，现在这些谈话只会让他们感到无聊。就这样，通过让新鲜空气接触物体，物体就被消毒了，在黑暗中滋生的有害细菌也被驱散了。我相信没有其他的方法可以让一群孩子如此健康、如

---

[1] 译者注：这里是指罗素和他的夫人多拉·布莱克（Dora Black）共同建立的教育实验学校"灯塔山学校"（Beacon Hill School）。后文所说的两个孩子是指他和多拉的两个孩子：约翰，出生于1921年；凯特，生于1923年。

此得体地看待通常被认为是不恰当的事物。

由于基督教的道德家已经用污秽掩盖了性的问题，所以我认为，那些想要净化污秽的人并没有充分认识到这个问题的一个方面。在本质上，性的话题与排泄过程紧密相连，只要人们对排泄过程感到厌恶，那么从心理上讲，这种厌恶的一部分就会与性联系在一起。因此，在面对儿童的时候，有必要教导他们应该对排泄过程感到放松。当然，出于卫生的原因，某些预防措施是必要的，可是一旦孩子能够理解，就应该马上向他们解释，这些预防措施只是出于卫生，而不是因为自然功能本身有什么令人厌恶的地方。

本章并不是讨论性行为应该是什么样子，而是讨论我们应该对性知识持何种态度。到目前为止谈论的是关于向年轻人传授性知识的问题，我希望并且相信，所有开明的现代教育者都会支持我的观点。然而，现在我们要讨论一个更有争议的话题，恐怕我在这个话题上更难获得读者的认同，那就是所谓的"淫秽文学"。

英国和美国的法律都规定，在某些情况下，当局可以销毁被视为淫秽的文学作品，作者和出版商可能会受到惩罚。英国的法律基础是1857年的《坎贝尔勋爵法》。该法案规定：

> 如果根据投诉有任何理由相信，任何淫秽书籍或其他东西被保存在任何房屋或其他地方，以供出售或分发，并且有证据表明一篇或多篇此类文章在该地点出售或分发，那么在确认这些文章的性质或描述属于非法出版而应被起诉之后，

法官可以根据特别授权令查封这些文章，然后传唤房屋的居住者，如果同一位或另一位法官确认被查封的文章符合授权令中描述的性质并且已经因为上述目的而保管，则可下令将其销毁。[1]

　　该法案中出现的"淫秽"一词并没有确切的法律定义。在实践中，如果地方法官认为某个刊物在法律上属于"淫秽"，那么他没有义务听取专家提供的证据，以证明在本案中，刊登被视为淫秽的文章是以获益为目的。也就是说，任何人写了一本小说或者一篇社会学论文或者一则关于性的法律改革建议，如果某个无知的老头碰巧觉得不喜欢，那它就有可能被销毁。这条法律会带来极其有害的后果。众所周知，哈夫洛克·霭理士因为《性心理学研究》的第一卷违犯了这条法律而被判有罪，但幸运的是，美国在这方面表现得更加自由。[2]我认为，没有人会觉得哈夫洛克·霭理士的目的是不道德的；那些只希望获得低俗性快感的人，看起来非常不可能阅读这样一部庞大的、丰富的、严肃的作品。当然，要讨论这样的话题，就必须涉及那些普通法官不会在妻子和女儿面前提到的事情，但是禁止出版这样一部作品，就相当于说，不允许严肃的学生了解这一领域的事实。从传统的观点来看，我认为哈夫洛克·霭理士的作品中最令人反感的特点是他

---

[1] 原书注：精彩的论述见Desmond MacCarthy, "Obscenity and the Law", *Life and Letters*, May 1929。

[2] 原书注：由于第一卷被起诉，随后的几卷没有在英国出版。

收集的历史案例，这些案例表明，现有的方法在培养美德或心理健康方面非常失败。这些文献提供的资料让我们可以理性地评判现有的性教育方法，但法律禁止我们拥有这样的资料，我们在这个领域的评判将继续基于无知。

对《孤寂深渊》的定罪[1]凸显了审查制度的另一个方面，即小说中关于同性恋的任何讨论都是非法的。欧洲大陆国家的法律不像英国那么反启蒙，这里的学生获得了很多关于同性恋的知识，但英国的法律禁止以学术文章或虚构小说的形式传播这种知识。在英国，男人之间的同性恋是非法，但女人之间的同性恋还不是，很难找出任何论据来改变这方面的法律，因为这种行为之所以非法，并不是以淫秽为理由。任何花时间研究过这个问题的人都知道，这条法律是源自野蛮愚昧的迷信，没有任何一种合理的论据可以支持它。类似的考虑也适用于乱伦。几年前通过了一项新的法律，将某些形式的乱伦定义为犯罪，但根据《坎贝尔勋爵法》，提出论据支持或反对这项法律，不仅在过去是违法的，在现在也是违法的——除非这些论据的框架过于抽象和谨慎，以至于没有任何力量。

《坎贝尔勋爵法》还导致了另一个有趣的结果，那就是在讨论许多问题的时候，必须使用只有受过专业教育的人才知道的冗长的专业术语，而不能提及人人都能理解的语言。印刷物中可以

---

[1] 译者注：《孤寂深渊》（*The Well of Loneliness*）是英国作家拉德克利夫·霍尔（Radclyffe Hall, 1880—1943）所著的女同性恋小说。这部小说于1928年在英国出版，在同年的法庭审判中，这本书被法官认定为淫秽作品，并被下令销毁。

谨慎地使用"交媾"（coitus）这样的词，但不允许使用它的单音节同义词[1]。最近《徒劳的差事》（Sleeveless Errand）中的案件证实了这一点。有时候，像这样禁止使用简单的语言会产生严重的后果，例如，桑格夫人的节育小册子是写给职业女性的，却被认定为淫秽，理由是职业女性可以理解它的内容；相反，玛丽·斯特普博士的书并不违法，因为它的语言只有受过一定教育的人才能理解。[2]其结果是，法律允许向富裕家庭传授节育，但禁止向工薪阶层和他们的妻子传授节育。我把这个事实告诉了优生学学会，该学会一直在哀叹工薪阶层比中产阶级生育更快，同时也小心翼翼地放弃尝试改变造成这一事实的法律现状。

反淫秽出版物的法律导致了令人遗憾的后果，许多人会同意这个观点，但仍然认为这样的法律是必要的。我个人认为，制定一部反淫秽的法律必然会产生这种不良后果，鉴于这一事实，我本人赞成在这个问题上不制定任何法律。支持这一论点的论据有两个方面：一方面，禁止恶的法律必然也会禁止善；另一方面，如果性教育是理性的，公开而坦率的色情出版物就只有很小的危害。

《坎贝尔勋爵法》在英国的使用历史充分地证明了第一个论据。凡是阅读过关于《坎贝尔勋爵法》的辩论的人都会发现，该

---

[1] 译者注：这里指的是"sex"（性）。

[2] 译者注：桑格夫人（Mrs. Sanger，1879—1966），美国节育运动领导人，提倡优生学，1922年曾在中国发表关于节育的演讲。玛丽·斯特普（Marie Stopes，1880—1958），英国作家、女权运动家。

法案仅仅是为了打压色情作品，而且当时的人们认为，其中的条款无法用来打击其他类型的文学作品。然而，这种信念是基于人们没有充分认识到警察的聪明和地方法官的愚蠢。莫里斯·恩斯特（Morris Ernst）和威廉·西格尔（William Seagle）在一本书中以令人钦佩的方式探讨了审查制度的整个主题。[1]他们讨论了英国和美国的经验，并简要地介绍了其他地方的做法。经验表明，特别是在英国的戏剧审查制度的情况下，轻浮的戏剧很容易通过审查，因为审查者不希望自己被认为是一本正经的人。而严肃的戏剧会引起很大的问题，比如《华伦夫人的职业》花了很多年才通过审查；《倩契》这样具有非凡诗歌价值的戏剧，尽管里面没有一个词可以激起圣安东尼的欲望，但它用了一百年的时间才克服了宫务大臣在男子汉的胸怀中对它产生的厌恶。[2]因此，我们可以根据大量的历史证据断定，审查制度将被用于禁止具有严肃的艺术或科学价值的作品，而那些纯粹出于淫秽目的的人，总能找到办法钻法律的空子。

然而，反对审查制度有一个更深层的理由：相比于那些因为隐秘而更加吸引人的色情作品，坦率公开的色情作品造成的危害要小得多。尽管有这样的法律，但几乎每一个富有的人在青少年时期都看过不雅的照片，并因为拥有这种照片而自豪，原因是它们很难获得。传统的男性认为这样的事情对其他人是极其有

---

[1]　原书注：*To the Pure*, Viking Press, 1928.

[2]　译者注：《华伦夫人的职业》（*Mrs. Warren's Profession*）是萧伯纳的代表作，创作于1894年。《倩契》（*The Cenci*）是雪莱创作的诗剧。

害的，但他们中几乎没有人承认它们对自己也同样有害。毫无疑问，它们激起了短暂的欲望，但在任何性欲旺盛的男性身上，这种感觉都会以某种方式被激起。一个人体验到性欲的频率取决于他的身体状况，而唤起这种感觉的时机取决于他所习惯的社会传统。对于维多利亚时代早期的男性，女性的脚踝就能引发足够的刺激，但现代的男性对女性大腿以下的任何部位都无动于衷。这仅仅是服装时尚的问题。如果裸体是一种时尚，我们就不会对它感到兴奋，女性会被迫采取一种使她们具有性吸引力的穿衣方式——就像在某些蛮野部落一样。同样的考虑也适用于文学和绘画：在维多利亚时代令人兴奋的东西，生活在更开放时代的人们却无动于衷。保守者越严格地限制性吸引力，性吸引力就越容易发挥作用。色情作品的吸引力，有十分之九是因为道德家向年轻人灌输的关于性的不雅感觉；另外十分之一是生理因素，无论法律状况如何，它都会以某种方式发生。基于这些理由，我坚信不应该有任何关于淫秽出版物的法律——尽管恐怕很少有人会同意我的观点。

裸体禁忌使人们无法以得体的态度对待性。在年幼的孩子身上，许多人现在意识到了这一点。只要是自然发生的，孩子们看到彼此的裸体和父母的裸体是一件好事。有一段很短的时期，大约在三岁，孩子会对父亲和母亲之间的差异感兴趣，并将这种差异与自己和姐妹的差异进行比较，但这个时期很快就结束了，之后他对裸体的兴趣就像是对衣服的兴趣。但只要父母不愿意让孩子看到他们的裸体，孩子就必然会觉得这里面有一种神秘感，有了这种感觉，孩子就会变得好色和下流。避免下流的唯一方法就是避免神秘。

　　还有许多重要的健康理由支持在适当的情况下裸体，比如在阳光明媚的户外。阳光照射在裸露的皮肤上会带来非常有益健康的作用。此外，任何人只要看到过不穿衣服的孩子在户外跑来跑去，一定会惊讶于这个事实：他们比穿衣服的时候更能控制自己，动作也更自如、优雅。成年人也是如此。裸体的最佳地点是户外，在阳光下和在水里。如果我们的传统允许这样做，裸体很快就会失去性吸引力，我们都会更好地控制自己的身体，我们会因为皮肤接触空气和阳光而更加健康，我们关于美的标准也更接近健康的标准，因为这些标准关心的是身体和体态，而不仅仅是脸。在这方面，希腊人的做法是值得推崇的。

婚姻里可以没有爱情吗?

杜素娟

在欧洲的文学史中,没有爱情的婚姻故事是很多的。在没有爱情的婚姻中,会出现夫妻反目、妻子背叛的现象。希腊戏剧《阿伽门农》三部曲中写到,克吕泰墨斯特拉跟丈夫阿伽门农反目,在阿伽门农去特洛伊打仗期间,她有了自己的情人,并且在十年后阿伽门农返回之日手刃丈夫。在这个故事的结尾,克吕泰墨斯特拉的亲生儿子杀了她,却被雅典娜女神判为无罪。这是对于克吕泰墨斯特拉的彻底否定。有意思的是,到了19世纪,在文学作品中出现了很多背叛家庭和丈夫的女性形象,例如包法利夫人、安娜·卡列尼娜等,但作者对于她们的命运却给予了同情,读者也开始能共情她们的痛苦。

这种转变的背后是一个基本共识的达成:没有爱情的婚姻,是痛苦而难以忍受的。罗素更是认为,没有爱情的婚姻是反人性的。很多看似司空见惯的家庭现象,都跟无爱婚姻带来的伤害有关。

人们经常抱怨婚后的男人对家庭生活不投入,对家庭事务漠不关心。罗素认为这些现象的背后大多是因为婚姻生活中只有亲情而没有爱情,有些甚至连亲情都没有。无爱的婚姻让男性对家庭生活失去兴趣,由于男性不像女性那样善于倾吐,于是他们大多热衷观看职业拳击赛等可以获得虐待狂式快感的活动,以此发泄家庭生活的压抑和苦闷。

同样,人们也常常嘲笑婚后的女人在家庭生活中变得尖刻、狭隘、扭曲。《红楼梦》里,作者就通过宝玉之口,把女人分为婚前和婚后的,认为婚前都是可爱的女孩，婚后就逐渐变成"死鱼眼"一样的存在。但我们很少想到这背后的原因是什么。在罗素看来，婚后女性的这些看似不近情理的表现，其实也是无爱婚姻带来的恶果。在无爱的婚姻中，女性孤独寂寞，受尽丈夫的冷遇，承受着家庭巨大的压力，这种生活带来的内心压力让她们逐渐变得性格暴躁、乖戾甚至歇斯底里。

罗素由此指出，在这些扭曲的社会现象背后，都是夫妻关系苦闷带来的后果。没有爱情的婚姻，不但危及婚姻关系的质量和夫妻双方的人格健康，对于孩子成长更是不利。罗素认为，只有父母深爱对方，家庭的氛围才是最利于孩子成长的；否则，孩子出生在气氛冰冷的家庭，面对着或是疏离、冷淡，或是暴躁不安的父母，孩子的心理健康、人格养成会受到巨大的负面影响，在他们成人以后，会造成情感障碍和产生认知误区。

至于婚姻为何会出现大面积的爱情缺失，罗素认为有三个原因。其一，是价值观的问题。工业革命之后，拜金主义盛行，人们认为最有价值的是金钱财富，男性忙于事业，常常无暇顾及妻子的感受，这种忽略会导致妻子的不满，妻子的怨怼会造成家庭的不舒适，于是丈夫对于家庭潜在的厌倦又会加深，如此恶性循环。其二，是道德观的问题。在基督教的传统之下，情欲既是罪恶的道德观念，也是相应两性教育的缺失，让男性不懂得如何恰当地抚慰妻子，更让很多婚内女性难以克服内在的羞耻感而呈现冷淡的态度。其三，是自我中心的问题。这一点罗素说得不甚清楚，看上去很像倡导大家为了爱情牺牲自己，其实他反对的是当时欧洲受清教主义和浪漫主义运动影响而产生的自我中心和自我崇拜的倾向。他认为在婚姻中，自我中心会导致双方关系无法磨合，婚姻中维持爱情需要尊重对方的自我，必须意识到对方的情感和愿望，并像珍视自己的自我一样，珍视对方的自我，才能够做出合理的退让和接纳。这一点直到今天依然是重要的。

第九章
爱情在人类生活中的位置

　　奇怪的是，大多数社会对爱情的普遍态度是双重的：一方面，爱情是大多数诗歌、小说和戏剧的主题；另一方面，爱情被最严肃的社会学家完全忽视，也不被认为是经济或政治改革计划的重心。我认为这种态度是不合理的。爱情是人类生活中最重要的事情之一，任何制度都不应该、不必要干涉爱情的自由发展。

　　准确地说，"爱情"这个词并不是指两性之间的任何关系，而是指一种包含了大量情感的关系，既是心理上的关系，也是生理上的关系。爱情的强烈可以达到任意程度。《特里斯坦与伊索尔德》[1]中表达的情感和无数男女的经历是一致的。用艺术的形式表现爱情是一种罕见的能力，但爱情本身并不罕见，至少在欧洲如此。爱情在有些社会中更为普遍，我认为这并不取决于所涉民族的本性，而是取决于他们的传统和制度。爱情在中国古代非

---

[1]　译者注：《特里斯坦与伊索尔德》（*Tristan und Isolde*）是德国作曲家理查德·瓦格纳（Richard Wagner）的一部歌剧。

常少见，人们认为爱情具有历史上那些被邪恶妃嫔误导的昏君的特征：中国的传统文化反对所有的强烈情感，认为男人应该在任何情况下都保持理性。这一点类似于18世纪早期出现过的情况。如今我们已经经历过浪漫主义运动、法国大革命和第一次世界大战，我们意识到，人类生活中的理性并不像安妮女王[1]统治时期所希望的那样占主导地位。在创建精神分析学说的过程中，理性本身也成了叛徒。现代生活中的三种主要的超理性活动是宗教、战争和爱情，这三者都是超理性的，但爱情并不是反理性的，也就是说，理性的人也可以合理地为爱情的存在而高兴。由于我们在前面几章考虑过的原因，现代世界的宗教和爱情之间存在着某种敌意。我认为这种敌意并非不可避免，之所以产生这种敌意，仅仅是因为基督教根植于禁欲主义——这一点与其他宗教不同。

然而在现代世界，爱情还有一个比宗教更危险的敌人，那就是工作和经济成功的信条。人们普遍认为，男人不应该让爱情干扰他的事业，否则他就是愚蠢的——这种观念在美国尤为普遍。但就像所有的人类事务，爱情和事业的平衡非常必要。为了爱情而完全牺牲事业是愚蠢的，尽管在某些情况下这可能是悲剧性的英雄行为；但为了事业而完全牺牲爱情也是愚蠢的，毫无英雄主义可言。然而，在这个普遍以争利为基础的社会中，这种情况是会发生的，而且不可避免地会发生。想一下当今典型商人的生活，特别是美国的商人：从刚长大的时候起，他就把所有

---

[1] 译者注：安妮女王，在位时间是1702—1714年，她是英格兰、苏格兰和爱尔兰三国的女王，也是第一任大不列颠女王。

最好的思想和精力都投入经济成功中去，其他一切都是无关紧要的消遣。在年轻的时候，他偶尔找妓女满足自己的生理需求；现在他结婚了，但他的兴趣和妻子完全不同，他们之间也没有过真正的亲密。他每天很晚才疲惫不堪地下班回家；早晨在妻子醒来之前，他就已经起床了；他在星期天去打高尔夫球，因为必须锻炼才能保持身体健康，从而努力赚钱。他认为妻子的兴趣在本质上是女性化的，虽然他也支持，但不愿意尝试。他没有时间体验不正当的恋情，正如他没有时间体验婚姻中的爱情。当然，他出差在外的时候，偶尔也会去找妓女。他的妻子可能对他保持性冷淡，这不足为奇，因为他从来没有时间向她求爱。他在潜意识里感到不满足，但他不知道为什么。他发泄不满足的主要方式是工作，但也有其他不那么理想的方式，例如，通过观看拳击比赛或者迫害激进分子获得施虐的快感。他的妻子也同样不满足，就在平庸的文化作品中找到了宣泄的出口，通过贬损那些率性自由的人来维护美德。于是，夫妻双方对性生活的不满足就变成了一种对人类的仇恨，只不过这种仇恨被伪装成了公共精神和高尚道德。这种不幸的事态在很大程度上是因为我们对性需求的错误观念。圣保罗认为，婚姻中只有一件事情是不可或缺的，那就是为性交提供机会。总的来说，基督教道德家的教义赞同这种观点。他们对性的厌恶使他们看不见性生活的任何美好方面，结果，那些在年轻时忍受着这些教义的人，看不见自己的最大潜力。爱情远远不只是性欲，它还是摆脱孤独的主要手段，在生命的大部分时间里，这种孤独折磨着大多数男人和女人。对于这个冰冷的世界和群体中可能存在的残忍，大多数人怀有一种根深蒂固的恐惧，男人的粗暴、粗鲁和霸道，女人的唠叨和责骂，往往遮蔽了人们对爱情的渴望。热烈而持久的相互之爱会终结这种感觉，它打破了自我的铜墙铁壁，产生了合二为一的新的存在。大自然创造的人类并不是孤立的，因为人类只有在他人的帮助下才能达到自己的生物目的。没有爱情，文明人就不能完全满足他们的性本能。要想完全地满足这种本能，人的整个存在，包括精神上的和肉体上的存在，必须进入这种关系。有些人从未体会过幸福的相互之爱带来的亲密和陪伴，他们错过了生命所能给予的最美好的东西，他们会无意识地，甚至有意识地感受到这一点，由此产生的失望使他们倾向于做出嫉妒、压迫和残忍的行为。因此，社会学家应该要关心如何给热烈的爱情以应有的地位，原因是，如果男人和女人没有这种体验，他们就不能实现全面成长，也不能对世界其他地方感到那种慷慨无私的温暖。在这种情况下，他们的社会生活肯定是有害的。

只要有合适的条件，大多数男人和女人都会在人生的某个阶段感到热烈的爱情。然而，缺乏经验的人很难区分热烈的爱情和单纯的吸引，特别是有教养的女孩，她们接受的教育使她们不可能喜欢亲吻男人，除非是她们爱的男人。如果人们希望女孩在结婚时是处女，那么她通常会深陷于一种短暂而平凡的性吸引之中，有性经验的女人则很容易将其与爱情区分开。这无疑是婚姻不幸福的一个常见的原因。即使婚姻中存在相互之爱，如果某一方认为性是罪恶的，爱情就会被这种信念毒害。当然，这种信念可能有充分的根据。以巴涅尔[1]为例，他犯了通奸罪，毫无疑问是有罪的，因此，爱尔兰人的希望被推迟了许多年才实现。但是，即使婚姻中没有罪恶感，这种信念也会毒害爱情。能够带来全部好处的爱情，必须是自由的、率性的、不受约束的、全心全意的。

传统教育附加在爱情之上，甚至婚内爱情之上的罪恶感，常常在潜意识中作用于男人和女人，作用于意识观念得到解放的人，也作用于坚持旧传统的人。这种态度会带来多方面的影响：它常常使男人在做爱时变得粗暴、笨拙，缺乏同情心，因为他无法通过谈论性爱来了解女人的感受，也无法充分重视通向"最后一幕"的渐进方法——大多数女性必须有"最后一幕"才能获得享受。事实上，男人经常没有意识到女人应该获得享受，如果女人没有获得享受，这完全是她恋人的错。受过传统教育的女性往往对自身的冷漠有种自豪感，她们在身体方面非常矜持，不肯轻易地发生亲密关系。经验丰富的求爱者也许能克服这种羞怯带来的不便，但如果一个男人把羞怯视为女性忠贞的标志，他就不太可能去克服，其结果是，即使在婚后很多年，夫妻关系仍然受到约束，或多或少地保持拘谨。在我们祖辈那一代，丈夫从不期望看到妻子的裸体，妻子也会被这样的提议吓坏。这种态度比人们想象的要普遍得多，甚至在那些已经摆脱了这一观念的人中间，许多旧有的拘束依然存在。

---

[1] 译者注：查尔斯·斯图尔特·巴涅尔（Charles Stewart Parnell，1846—1891），19世纪爱尔兰自治运动的领导者，英国下议院议员。他后来改组议会党，并担任党魁。最后，他因婚外情导致议会党分裂，也被迫下台。

在现代世界，爱情的充分发展还有一个更大的心理障碍，那就是许多人担心无法保留自己完整的个性。这是一种愚蠢的想法，但它代表了一种现代的恐惧。保持个性本身并不是我们的目的，当我们与世界建立卓有成效的联系时，个性必须融入其中，它必定会失去独立性。保存在玻璃柜中的个性会枯萎，但人际交往中自由发挥的个性会变得丰富。在个人与世界其他部分的联系中，爱情、孩子和工作是最重要的来源。按时间顺序，爱情通常排在第一位，并且它是亲子之爱得到充分发展的基础，因为孩子很容易复制父母双方的个性。如果父母不爱彼此，当这些特征出现在孩子身上时，父母中的一方就只会欣赏孩子身上自己的特征，同时因为孩子身上具备另一方的特征而感到痛苦。工作有时候无法使人与外部世界产生卓有成效的联系。是否产生联系，取决于采取这种行动的精神。仅仅以金钱为动机的工作不可能具有这种价值，只有体现了某种奉献精神的工作才具有这种价值，无论奉献的对象是人是物，还是某种愿景。如果爱情只是占有，那么它本身没有任何价值，它与只是为了金钱的工作没有高下之分。为了拥有我们所说的价值，爱情必须感受到被爱之人的自我，就像感受自己的自我；必须意识到对方的感觉和愿望，就好像那是自己的感觉和愿望。也就是说，要接纳他人，不仅需要有意识地扩展自我情感，还需要本能地这么做。我们这个好斗的、竞争的社会，以及部分源于新教和浪漫主义运动的愚蠢的个人崇拜，使这一切变得困难。

在获得自由的现代人中间，我们所说的严肃意义上的爱情正面临着一种新的危险。当每一次产生性冲动都会导致性交，当人们不再感觉到关于性交的道德壁垒时，他们就会养成习惯，区分性和严肃的情感，以及区分性和爱情，他们甚至会把性和仇恨联系起来。在这方面，奥尔德斯·赫胥黎[1]的小说提供了最好的例证。他笔下的人物就像圣保罗一样，仅仅把性交看成一种生理上的发泄，这些人似乎并不知道与之相关的更高价值。从这种态度出发，禁欲主义的复兴就只有一步之遥。爱情有其固有的理想和内在的道德标准。无论是基督教教义，还是年轻一代中大量涌现的对所有性道德不分青红皂白的反叛，爱情的这些特征都是模糊不清的。脱离了爱情的性交无法带来任何深刻的本能满足。我并不是说这种满足完全不可能发生，但前提是，我们应该设置严格的障碍，这可能也会使爱情的发生变得非常困难。我要说的是，脱离爱情的性交并没有什么价值，我们应该把它视作为了爱情而进行的实验。

我们已经看到，爱情希望在人类生活中占有一席之地，这种诉求十分强大。但爱情是一种不受控制的力量，如果听之任之，它将不受法律或习俗的约束。只要不涉及孩子，这或许不是什么大问题。可一旦有了孩子，我们就处在一个不同的区域，在这个区域中，爱情不再是由双方决定的，而是服务于人种的生物学目的。必须存在一种与儿童有关的社会伦理，在发生冲突的地方，这种伦理可能凌驾于热烈爱情的诉求之上。然而，有智慧的道德

---

[1] 译者注：奥尔德斯·赫胥黎（Aldous Huxley，1894—1963），英国作家，代表作是《美丽新世界》（*Brave New World*）。

可以最大限度地减少冲突，这不仅仅是因为爱情本身是美好的，也是因为当父母彼此相爱时，孩子也可以享用爱的筵席。明智的性道德的主要目的之一，应该是在符合孩子利益的情况下，尽量减少对爱情的干扰。然而，要讨论这个问题，我们必须先考虑家庭。

如何才能让婚姻变得幸福？

杜素娟

这一章比较有意思，罗素不但谈到了婚姻从一夫一妻到一夫多妻再到一夫一妻制的历史演变，更谈到了"婚姻如何才能幸福"的问题。

从婚姻发展的整个历史来看，想要使婚姻保持稳定，得有这么几个条件：人与人之间的差别很小，跟A结婚与跟B结婚没有太大差别；无论是男人还是女人，已婚以后就不再有机会碰到其他异性；严禁离婚，一旦结婚就不要再指望跟任何异性有再婚的可能。

这并非罗素的调侃。劳伦斯在《虹》中就写了三代女性的婚恋，第一代女性的夫妻关系最和谐，就因为他们生活在落后的乡村，乡民们大多既没文化也没个性，人与人之间没有差异，都以接近动物本能的方式生活着，在这样的状态下夫妻关系就很稳定。第二代女性的文化水平提高了，妻子开始有了属于自己的个性，人们的认知水平和精神要求都提高了，但夫妻关系开始矛盾冲突不断。第三代女性不但有了个性，还有了更复杂的精神情趣的要求，甚至有了独立思考的能力，于是连择偶都变得困难起来，结婚更是可遇不可求。

《虹》里透露出的看法与罗素不谋而合：在文化落后时期，离婚率很低，但前提是人们个性意识欠缺、情感质量要求低下、生活空间狭小，以及道德禁锢严苛。显然，通过扼杀人的个性、剥夺人的自由、降低人的情感质量求得的这种低离婚率，对于社会发展而言，并不是一件值得骄傲的事情。

那么，求得婚姻的幸福是否还有其他方式呢？

要回答这个问题，罗素认为首先要搞清楚现代社会妨碍婚姻幸福的几个要素。首先，不良的性知识造成了人们的性羞耻和性冷淡，这种羞耻感是很难让夫妻建立亲密关系的。其次，女性解放让女性对于婚姻中的自由、独立、尊重都有了更高的要求，如果男性不能改变传统的男权意识，夫妻关系就会搁浅。再次，人们对于用道德和法律捆绑而不是用情感缔结的婚姻，越来越不愿意忍耐和服从。

面对现代社会中婚姻幸福指数日渐走低的趋势，只赋予人们离婚自由的权利是不够的，而应引导人们知晓促进婚姻幸福的方法。罗素提了以下几点：

在婚姻中懂得平等地对待对方，也平等地对待自己。如果试图把对方变成自己的奴仆，不管对方有多少爱意，都会因为潜在的怨言而消磨殆尽；如果跪着爱对方，则更容易把对方纵容成奴役自己的暴君，培养出"渣男"和"渣女"。

在婚姻中要懂得赋予对方自由，而不是放纵占有欲和控制欲。如果肆意干涉对方的自由，用各种方式全天候控制对方的行踪，不给予对方独立的空间和时间，就会让对方感到婚姻是一种牢笼。

罗素还提到夫妻双方"必须有充分的身心亲密，必须有共通的价值标准"，身心和谐，三观一致，婚姻才有可能幸福。

罗素并不反对婚姻，但他认为好的婚姻里，夫妻必须学会互相理解、平等对待，并且尊重彼此的边界。罗素指出，如果夫妻都想做对方生活里的"警察"，即带给对方的永远是牵制、监控、制约和惩罚，那这样的婚姻跟幸福一定是绝缘的。

第十章
婚　姻

在本章中，我要讨论的是只作为男女关系、不涉及孩子的婚姻。婚姻不同于其他的两性关系，因为它是一种法律制度。在大多数社会，婚姻也是一种宗教制度，但它在法律层面的意义是最重要的。婚姻是一种既存在于原始人中，也存在于猿类等动物中的实践，法律制度只不过是体现了这种实践。只要雄性的合作对于抚养后代是必要的，那么在事实上，动物所实践的就是婚姻。一般来说，动物的婚姻是一夫一妻制的。根据一些权威人士的说法，这种情况在类人猿中尤为明显。如果这些权威人士的说法可信，那么这些幸运的动物似乎没有面临困扰着人类社会的问题，因为雄性一旦结婚，就不再被任何其他雌性吸引；而雌性一旦结婚，就不再对任何其他雄性具有吸引力。因此，虽然类人猿没有宗教的帮助，但我们不曾听说它们中间有罪孽，原因是本能足以产生忠贞。有证据表明，最低等的蛮野人中也存在类似的情况。据说，布须曼人实行严格的一夫一妻制。我了解到，塔斯马尼亚人（现已灭绝）对妻子是忠贞不渝的。[1]即使是在文明人中，有时也能察觉到一夫一妻制本能的微弱痕迹。考虑到习惯对行为的影响，也许令人惊讶的是，一夫一妻制对本能的束缚并没有那么强大。无论如何，这只是人类精神特质的一个例子，由此产生了人类的罪恶和智慧，即打破习惯和另辟蹊径的想象力。

导致原始一夫一妻制崩溃的原因，最开始可能是经济动机的侵扰。无论这种动机对性行为产生了何种影响，都一定是灾难性的，因为它用奴役或购买的关系替代了基于本能的关系。在早期的农业社会和畜牧社会，妻子和孩子都是男人的资产。妻子为男人工作，孩子在五六岁以后，开始在田里干活或者照看牲畜。因此，最有权势的男人致力于拥有尽可能多的妻子，女性通常不会大量过剩，因此一夫多妻制不太能成为社会的主流，它是酋长和富人的特权。众多的妻子和儿女成为一笔宝贵的财产，拥有者本已获得的特权地位会因此得到提升。于是，妻子的主要功能就相当于能赚钱的家畜，而她的性功能是次要的。在这种文明程度下，男人很容易就能休妻，即使他必须把妻子带来的嫁妆全部归还给她的家人，但一般来说，女人很难"休夫"。

大多数半文明的社会对通奸的态度和对一夫多妻制的态度是一致的。在文明程度很低的社会，通奸有时是可以容忍的。我们

---

[1] 译者注：布须曼人（Bushmen）是生活在南非、博茨瓦纳等地，以狩猎和采集为生的原住民。"Bushmen"是外界一种贬损的称呼，字面意思是"丛林人"。塔斯马尼亚人（Tasmanian）是澳大利亚东南部的原住民，生活在澳大利亚的塔斯马尼亚岛，他们因为白人的殖民而灭绝。

了解到，萨摩亚人在必须外出旅行的时候，已经完全预料到他们的妻子会因为他们不在而去寻欢作乐。[1]但在文明程度稍高的社会，对女性通奸的惩罚是死刑，或者其他非常严厉的刑罚。在我年轻的时候，芒戈·帕克[2]对"巫神"（Mumbo Jumbo）的描述是家喻户晓的，但近年来，我发现文化修养高的美国人用"巫神"暗指"刚果之神"，这让我觉得很痛心。事实上，他既不是神，也与刚果无关。他是尼日尔河上游的人们捏造出来的假恶魔，用来吓唬犯过罪的女人。芒戈·帕克的描述必然会让人联想到伏尔泰关于宗教起源的观点，但现代人类学家倾向于谨慎地压制这种观点，因为他们不能接受蛮野人的行为中包含流氓主义的理性成分。如果一个男人和某人的妻子发生性关系，这当然也是犯罪，但如果一个男人与未婚女性发生性关系，他就不会受到责备，除非他贬低了该女子在婚姻市场上的价值。

基督教出现以后，这种观念发生了变化。宗教在婚姻中的作用大大增强，违反婚姻法的行为不再是基于财产，而是基于禁忌。当然，与某人的妻子发生性关系，仍然被认为是对那个男人的犯罪，但婚姻之外的所有性行为都是对上帝的犯罪。教会认为后者是更严重的问题。出于同样的原因，教会也禁止人们离婚，包括曾经在离婚方面拥有更宽松条件的男性。婚姻是一种圣礼，

---

[1] 原书注：玛格丽特·米德（Margaret Mead），《萨摩亚人的成年》（*Coming of Age in Samoa*），1928年，第104页之后。

[2] 译者注：芒戈·帕克（Mungo Park，1771—1806），英国探险家，被认为是第一个考察尼日尔河的西方人。

所以婚姻是终身的。

对人类幸福来说，这是得还是失？很难判断。已婚农妇的生活向来是很艰苦的，最不开化的农民总体上过着最艰苦的生活。在最野蛮的民族中，二十五岁的女人已经衰老了，不可能指望她们在这个年龄保留任何美丽的痕迹。把女人视为家畜，这对男人来说无疑是非常愉悦的，但对女人来说，这意味着生活中只剩下辛劳和艰苦。基督教在某些方面使女性的地位更糟，但它至少在神学上承认男女平等，拒绝把她们视为丈夫的财产——至少在富裕阶层是这样。一个结了婚的女人当然没有权利为了另一个男人离开自己的丈夫，但她可以为了宗教生活离开他。总的来说，相比于前基督教时代，大多数女性更容易获得较好的地位。

让我们环顾当今世界，问问自己，什么样的条件在总体上能促成幸福的婚姻，什么样的条件会导致不幸的婚姻？我们会得出一个有点奇怪的结论：越是文明的人，似乎越不容易从一个伴侣身上获得终身的幸福。直到最近，爱尔兰农民的婚姻都是由父母决定的，据那些了解他们的人说，他们的婚姻生活总体上是幸福而高尚的。一般来说，在人与人之间差异最小的地方，婚姻最简单。如果一个男人和其他男人差别不大，一个女人和其他女人差别不大，那就没有什么特别的理由后悔与某人结婚。但是，品位、追求高，兴趣非常丰富的人倾向于追求情投意合的伴侣，当他们发现伴侣与自己没有那么情投意合时，他们就会感到不满足。教会倾向于仅仅从性的角度看待婚姻，它没有理由认为一个伴侣比另一个伴侣更差，所以它坚持婚姻"不可解除"，而没有意识到这通常面临的困难。

使婚姻幸福的另一个条件是，未婚女性数量少，同时已婚的男性和体面的女性没有相遇的社交场合。如果男人不可能与妻子以外的女人发生性关系，那么大部分男人就会非常重视婚姻，会觉得目前的情况是可以容忍的——除了异常糟糕的例子。同样的道理也适用于妻子，特别是那些从来没有想象过婚姻会带来幸福的妻子。也就是说，如果双方都不期望从婚姻中得到多少幸福，这样的婚姻就可能是幸福的。

基于同样的原因，社会习俗的稳定性往往会防止所谓的"不幸婚姻"出现。如果婚姻的缔结被认为是不可变更和不可撤销的，那么任何东西都无法刺激人们想象婚姻之外的幸福，想象自己有可能获得更深刻的心醉神迷。在这种心态之下，为了确保家庭的安宁，只要丈夫和妻子的行为不出格，与公认的体面行为标准差距不大即可，无论这一标准是什么。

在现代世界的文明人中，幸福所需要的这些条件都不存在，所以人们发现，结婚几年后仍然幸福的婚姻并不多。不幸福的一些原因与文明有关，但如果男人和女人的文明程度比现在更高，其他的原因就会消失。我们先从其他的原因开始说起。其中最主要的原因是不良的性教育，这一点在富裕家庭中比在农民中更为普遍。农民的孩子很早就熟悉了所谓的"性知识"——他们不仅可以在人类身上观察到，也可以在动物身上观察到。因此，他们免于无知和苛求。相反，受过精心教育的富裕家庭的孩子无法获得关于性的实用知识，即便是那些最现代的父母，他们用书本之外的知识教育孩子，也无法让孩子了解农村孩子十分熟悉的现实情况。基督教教义的胜利，就是让男人和女人在没有性经验的情况下结婚。在大多数时候，这种情况会导致不幸的结果。人类的性行为并不是出于本能，所以没有经验的新娘和新郎或许完全不会意识到这个事实，他们的内心充满了羞耻和不安。如果只有新娘是无知的，而新郎从妓女那里获得了性知识，结果也不会好到哪里去。大多数男人没有意识到，结婚之后求爱的过程仍然是必要的；而许多受过良好教育的女人也没有意识到，她们的保守和身体上的冷淡对婚姻造成了伤害。所有这些都可以通过更好的性教育来纠正。事实上，相比于他们的父母和祖父母，这一代的年轻人接受的性教育要好得多。以前的女性普遍认为，她们在道德上优于男性，因为她们在性方面获得的快乐更少。这种态度使丈夫和妻子之间不可能有坦诚的伴侣关系。当然，这种态度本身是非常不合理的，因为不能享受性生活绝不是一种美德，而仅仅是生理上或心理上的缺陷，这就好比一百年前的人们希望优雅的女性无法享受美食。

然而，导致婚姻不幸福的其他现代问题却没有那么容易解决。我认为，不受约束的文明人，无论男女，在本能上通常倾向于多配偶制。他们可能会钟情于一个人，在几年之内完全被他（她）吸引，但性方面的熟悉迟早会导致激情消退，然后他们开始在别处设法恢复往日的兴奋。当然，他们有可能因为道德而控制这种冲动，但他们很难完全消除冲动。随着女性自由的增长，夫妻中的一方通奸的机会比以前大得多。机会带来想法，想法催生欲望，在没有宗教顾忌的情况下，欲望引发行动。

女性解放通过各种方式使婚姻变得困难。以前，妻子必须适应自己的丈夫，丈夫却不必适应自己的妻子。而现在，由于女性在个体性和事业方面的权利，许多妻子不愿意过度地适应丈夫。同时，那些仍然渴望男性统治的旧传统的男人认为自己没有理由做出任何改变。这种麻烦尤其与通奸有关。在过去，丈夫偶尔会出轨，但他的妻子通常不会知道。如果她知道了，丈夫就会承认自己的罪过，并且让她相信自己已经忏悔。另外，妻子通常是忠贞的，倘若她不忠贞，并且她的丈夫知道了这个事实，婚姻就会破裂。许多现代的婚姻关系不再要求夫妻双方彼此忠诚，但嫉妒的本能仍然存在，对于任何根深蒂固的亲密关系，这种本能通常会对它的延续产生致命的影响——哪怕夫妻双方没有公开地争吵。

现代的婚姻还有另一重困难，那些特别在意爱情价值的人尤其会感受到这种困难。只有在自由和自发的情况下，爱情才会蓬勃发展。如果认为爱情是一种责任，那么这种想法往往会将它扼杀。如果你说爱某个人是你的责任，这无疑会让你讨厌他（她）。因此，婚姻作为爱情和法律的结合，既不属于爱情，也不恪守法律。雪莱说：

> 我从来不曾持有
>
> 一般人所抱的信条：我不认为
>
> 每个人只该从人世中找出一位
>
> 情人或友伴，而其余的尽管美丽

和有智慧，也该被冷落和忘记——

这就是今日的道德规范，它成了

许多可怜的奴隶所走的轨道：

他们在世俗的通衢，以疲倦的脚步

走向死人堆中的家——坟墓，

总曳着一个友伴，甚至是一个仇人，

看啊，这旅途多漫长，又多么阴沉！[1]

　　有了婚姻就不能从别处得到爱，这种想法毫无疑问大大削弱了人的感受力、同情心，减少了与有识者接触的机会。从最理想主义的观点来看，这其实是在粗暴地拒绝值得拥有的东西。类似于任何限制性的道德，它往往鼓励我们像警察一样审视人类的整体生活——这是一种永远在寻找机会禁止某些事情的观念。

　　由于所有这些原因——其中许多原因与毋庸置疑的美好事物相联系——婚姻已经变得困难，必须以一种全新的角度对待婚姻，婚姻才不会成为幸福的障碍。"简易离婚"是一种经常被提及，并且已经在美国广泛尝试的解决方案。包括我在内的每一位人道之士肯定会认为，允许离婚的理由应该多于现今的英国法律，但我不认为"简易离婚"可以解决婚姻中的困境。对于没有孩子的婚姻，哪怕夫妻双方都尽可能地循规蹈矩，离婚也可能是一种正确的解决方案；但对于有孩子的婚姻，我认为婚姻的

---

[1]　译者注：引自雪莱的长诗《心之灵》。译文参考了查良铮的译本。

稳定性是非常重要的。（在讨论家庭的时候，我将再次谈到这个话题。）如果是有孩子的婚姻，并且夫妻双方都能保持理性和体面，那么我认为人们应该期望的是终身的婚姻，而不是排斥其他性关系的婚姻。婚姻如果从热烈的爱情开始，并且孕育了双方都渴望和珍视的孩子，那么它应该在男人和女人之间产生非常深刻的联系，哪怕性欲已经消退，哪怕一方或者双方都对别人产生性欲，他们都会在对方的陪伴中感受到极其珍贵的东西。嫉妒妨碍了婚姻的成熟。虽然嫉妒是一种本能的情感，但只要认识到嫉妒是有害的，不应该把它视为道德义愤的表达，那么我们就可以控制它。一段历经岁月、同甘共苦的情谊，蕴含着丰富的价值，无论恋爱的初体验多么甜蜜，都无法与之相比。任何懂得时间可以提升价值的人，都不会为了新的爱情而轻易地抛弃这样的情谊。

因此，文明社会的男人和女人在婚姻中是有可能幸福的，但必须满足很多条件。双方必须有一种完全平等的感觉，不得干涉对方的自由，必须有充分的身心亲密，必须有共通的价值标准。（举个例子，倘若一个人只看重金钱，另一个人只看重工作，这是致命的。）如果满足了上述所有这些条件，我相信婚姻将是两个人之间最好、最重要的关系。如果到目前为止婚姻还没有实现这种幸福，那主要是因为丈夫和妻子都把自己看成彼此的"警察"。婚姻要想实现这种可能性，丈夫和妻子都必须学会理解，无论法律如何规定，他们在私人生活中必须是自由的。

第十一章
卖 淫

只要人们依然很重视体面女性的忠贞，婚姻制度就必须由另一种制度来补充，这种制度甚至可以被视为婚姻制度的一部分——我指的是卖淫制度。莱基曾说过：妓女是家庭之神圣和妻女之纯真的守护者。这句话的情绪是维多利亚式的，表达方式是传统的，但事实是不可否认的。道德家之所以谴责莱基，是因为他的言论让他们感到愤怒，他们并不知道为什么，却也无法推翻莱基的说法。道德家坚称，如果人们遵循他们的教义，世界上就不会有卖淫。这当然是非常正确的，但他们也很清楚，人们不会遵循他们的教义，因此没必要考虑"假设人们遵循"会发生什么。

卖淫的需求产生于这样一个事实：许多男人要么未婚，要么离开妻子出远门，他们不满足于禁欲，而且在一个具有传统道德的社会里，他们得不到体面的女性。因此，社会在女性中划分了一个满足男性需求的特定阶层，社会羞于承认这些需求，但又害怕这些需求完全得不到满足。妓女的优势在于可以随时获得，而且她在职业之外没有其他生活，可以毫不费力地隐藏起来，和她在一起的男人也可以尊严无损地回归他的妻子、家庭和教会。这个可怜的女人，尽管她提供了毋庸置疑的服务，尽管她维护了妻女的忠贞和教会执事的美德，却遭到了普遍的鄙视，受到了排斥，除了交易之外不得与普通人交往。这种极端的不公始于基督教的胜利，并一直延续至今。妓女的真正罪行在于她暴露了道德家事业的空虚。她就像被潜意识所抑制的思想，必须被放逐到无意识之中。但她又像是流亡者，在那里发动了一场意想不到的复仇。

> 最怕是深夜的街头
>
> 又听年轻妓女的诅咒！
>
> 它诈住了初生儿的眼泪，
>
> 又带来瘟疫，使婚车变成灵柩。[1]

　　卖淫是一件受人鄙视的、不可告人的事情，但它并不总是如此。事实上，它的起源非常崇高。历史上最早的妓女是献身于某位男神或某位女神的女祭司，当她为路过的陌生人提供服务时，她的行为是对神的敬奉。那时的妓女会得到尊重，男人使用她，也尊敬她。基督教的教父们用了大量的篇幅抨击这种制度，他们

---

[1] 译者注：引自威廉·布莱克的长诗《伦敦》。译文参考了王佐良的译本。

说，这种制度表现了异教崇拜的淫乱，它起源于撒旦的诡计。寺庙停止了卖淫活动，妓女开始遍布各地，在许多地方，卖淫已经成为一种商业化的盈利制度——当然，不是为了让妓女获利，而是让那些把妓女当作奴隶的人获利。个体经营的妓女现在已经十分普遍，但直到近代她们仍然是罕见的例外，绝大多数妓女在妓院或浴室等臭名昭著的机构。在印度，从宗教卖淫到商业卖淫的转变还没有彻底完成。《印度母亲》一书的作者凯瑟琳·梅奥指控印度这个国家，罪名之一就是宗教卖淫。[1]

除了南美洲[2]，卖淫的现象似乎正在减少，毫无疑问，一方面是因为女性比过去更容易获得其他的谋生手段，另一方面是因为更多的女性愿意出于喜欢而不是为了金钱与男性发生婚外性关系。然而，我不认为卖淫现象能够完全杜绝。以远洋归来的水手为例，我们不可能指望他们有耐心追求那些只是出于感情才与他们亲近的女人。又或者，我们以数量庞大的婚姻不幸福、害怕妻子的男人为例。这些男人在离家之后会寻求舒适和放松，并希望以一种尽可能没有心理负担的形式得到释放。然而，我们有充分的理由希望将卖淫减少到最低限度。有三个重要的反对理由：第一，对社会健康的危害；第二，对女性的心理伤害；第三，对男

---

[1] 译者注：凯瑟琳·梅奥（Katherine Mayo，1867—1940），美国历史学家。《印度母亲》（*Mother India*）是她的代表作，书中抨击了印度的社会、宗教和文化。该书旨在反对印度独立运动，在出版后引发了激烈的争议，包括圣雄甘地在内的许多人指责本书仇视印度。1957年印度上映的同名电影包含了对本书的抨击。

[2] 原书注：见阿尔伯特·隆德雷斯（Albert Londres），《通往布宜诺斯艾利斯之路》（*The Road to Buenos Ayres*），1929年。

性的心理伤害。

在这三者中，最重要的是对社会健康的危害。当然，性病主要是通过妓女传播的。试图通过妓女登记和国家检查来解决这个问题，这些做法从纯粹的医学角度看并不是很成功，而且容易引发令人不快的职权滥用，因为它们对妓女施加了压力，其中甚至包括那些没有打算成为职业妓女，但意外地被法律定义为妓女的女性。当然，如果人们不认为"性病是罪有应得"，这种方法可能会更加有效。人们有可能提前采取预防措施，从而大大减小感染性病的概率，但道德家不希望让这些措施的本质广为人知，因为这样的知识可能会促进犯罪。那些染上性病的人往往因为羞愧而推迟治疗，因为染上这类疾病都被认为是可耻的。社会在这方面的态度毫无疑问已经变好了，如果继续改善，结果可能是极大地减少性病。但很明显，卖淫只要存在，就会成为传播性病最危险的方式。

目前存在的卖淫显然是一种不受欢迎的生活方式。染性病的风险使卖淫成为一种类似于接触白铅矿的危险职业，但除此之外，这也是一种令人沮丧的生活。它让人懒惰，让人酗酒。它还有一个严重的缺点，那就是妓女通常被鄙视，甚至可能遭到嫖客诟病。这是一种违背本能的生活——就像修女的生活一样。由于所有这些原因，卖淫成为一种极其不受欢迎的职业，就像它在基督教国家中的情况。

日本的情况显然完全不一样。卖淫是一种被认可和受尊重的职业，在有些情况下甚至是基于父母的提议。卖淫还是一种赚取嫁妆的常见方法。根据一些权威人士的说法，日本人对梅毒有部分免疫力。因此，相比于道德准则更严厉的地方，日本的职业妓女没有那么被污名化。显然，如果卖淫必须存在，那么日本的形式好过我们在欧洲习惯的形式。很明显，在任何一个国家，道德标准越严格，妓女的生活就越堕落。

如果嫖妓成为一种习惯，就很有可能对男人产生不良的心理影响。他将习惯性地觉得没有必要为了性交而取悦别人。此外，如果他看重一般的道德准则，那么他也会倾向于鄙视任何与他发生性关系的女人。这种心态投射到婚姻中可能会产生非常不幸的后果：要么婚姻和卖淫被混为一谈，要么婚姻和卖淫被尽可能地分开。对于深爱的和敬重的女性，有些男人无法产生和她性交的欲望。弗洛伊德学派将其归因于俄狄浦斯情结，但我认为，这通常是因为男人希望在这些女人和妓女之间设置尽可能大的鸿沟。许多男人，特别是守旧的男人，没有到这样的极端，但他们以一种夸张的敬意对待他们的妻子，使她们在心理上保持处女状态，从而无法体验到性快感。如果一个男人在想象中把他的妻子等同于妓女，情况就正好相反。这使他忘记了，性交只应该发生在双方都有性欲的时候，而且在性交之前还应该有一段求爱期。于是，他粗暴地对待自己的妻子，使她产生一种很难消除的厌恶感。

经济动机对性的侵入，总是带来或大或小的灾难。性关系应该是一件彼此的乐事，完全源自双方自发的冲动。否则，一切有价值的东西都不复存在。以如此亲密的方式利用另一个人，是对人类本身的不尊重，而只有尊重才能产生真正的道德。然而，性交如果仅仅是出于生理冲动的力量，就很有可能导致悔恨。在悔恨中，一个人的价值判断就会紊乱。当然，这不仅适用于卖淫，而且几乎同样适用于婚姻。婚姻是女性最常见的谋生方式，相比于卖淫，女性很有可能在婚姻中忍受了更多的不想要的性行为。在没有迷信的情况下，性关系中的道德本质上包括对他人的尊重，以及不愿意仅仅把对方当作满足个人欲望的手段，而忽视他（她）的欲望。正是因为卖淫违背了这一原则，所以哪怕妓女受到尊重，并且消除了染性病的风险，卖淫仍然是不受欢迎的。

在关于卖淫的有趣研究中，哈夫洛克·霭理士提出了一条支持卖淫的论据，但我不认为这是有效的论据。他首先考虑了狂欢，这种狂欢存在于大多数早期文明中，并为不受控制的冲动提供了一个宣泄的出口——在其他任何时候，这种冲动都必须加以控制。根据他的观点，卖淫是从狂欢中发展出来的，它所提供的服务在某种程度上等同于狂欢所提供的服务。他认为，许多男人无法在传统婚姻的约束、礼仪和体面的限制中得到完全的满足，这些男人发现，偶尔嫖妓是摆在他们面前的一种相对而言不那么违背社会伦理的宣泄方式。但本质上，他的论点与莱基相同，尽管其形式更加现代。哈夫洛克·霭理士所考虑的冲动很容易影响性生活不受约束的女人，这一点和男人一样。如果女人的性生活得到解放，男人就能从相关的冲动中得到满足，而不必寻找纯粹为了钱的专业人士。这确实是女性性解放有望获得的巨大优势之一。据我观察，相比于维多利亚时代的女性，这些性观念和性感觉不受古老禁忌约束的女性能在婚姻中找到和给予更充分的满足。凡是旧道德衰亡的地方，卖淫也会衰亡。以前偶尔会去嫖妓的年轻男子，现在能够与他们同类型的女孩建立关系，这是一种双方都自由的关系，一种同等重视心理因素和纯粹生理因素的关系，一种双方都有着非常热烈的爱情的关系。从真正道德的观点来看，这是制度的巨大进步。道德家对此感到遗憾，因为它不太容易隐藏，然而，道德的首要原则并不是向道德家隐瞒道德败坏的事情。在我看来，年轻人之间的新自由完全是一件值得高兴的事，它正在造就这样一代人：男人不会暴虐，女人不会挑剔。那些反对新自由的人应该坦率地面对这样一个事实：他们实际上是在鼓吹卖淫制度的延续，他们把卖淫作为唯一的"安全阀"，以应对极其严格的道德准则。

第十二章
试 婚

在理性的伦理中，没有孩子的婚姻不能算作婚姻。没有后代的婚姻应该很容易解除，因为只有通过孩子，性关系才具有重要的社会意义，才值得法律制度予以承认。当然，这不是教会的观点——在圣保罗的影响下，教会仍然认为婚姻是私通的替代品，而不是生育孩子的手段。但近些年来，连神职人员都注意到了，无论是男人还是女人，都未必会等到结婚以后才发生性关系。对于男性，只要他们的道德败坏是发生在妓女身上，而且已经被体面地掩盖起来，他们就很容易得到宽恕；但对于职业妓女以外的女性，传统道德家更难容忍她们"伤风败俗的行为"。然而，一战以后，这种情况在美国、英国、德国、斯堪的纳维亚已经发生了巨大的变化。许多来自体面家庭的女孩不再认为她们有必要保持"贞操"，年轻男子也不再从妓女身上获得宣泄，而是和那些在他们变得富有后愿意与之结婚的女孩发生性关系。这一进程在美国似乎比在英国走得更远，我认为这要归功于禁酒令和汽车。

由于禁酒令，在欢乐的聚会上每个人都会喝到醉，这已经成了社交中的必要礼仪。由于大多数女孩拥有自己的汽车，她们很容易和恋人一起逃离父母和邻居的视线。林赛法官的书描述了由此产生的事态。[1]老年人指责他言过其实，年轻人却不这么觉得。作为一名短期的旅行者，我煞费苦心地通过询问年轻人来验证他的断言。我没有发现他们倾向于否认林赛法官所说的任何事实。在整个美国，在那些后来结婚并过上体面生活的女孩中，似乎很大一部分都有过性经验，通常是和几名恋人。即使没有发生完整的性关系，也有很多"爱抚"和"亲吻"，以至于没有完整的性关系倒像是一种反常。

我不认为目前看到的事态是令人满意的。传统道德家强加了一些令人不快的内容，除非传统道德发生变化，否则我不知道这些内容如何才会消失。非法的性关系就像非法的酒一样低劣。我认为没有人能够否认，相比于禁酒令颁布以前，美国的富裕阶层多了很多酗酒的年轻男女。在规避法律的过程中，当然也会出现一定程度的情调和自负。而在规避关于饮酒的法律时，很自然地也要规避关于性的习俗。在这里，冒险的感觉扮演了催情剂。其结果是，年轻人之间的性行为往往采取最愚蠢的形式，不是源自感情，而是源自冒险，偶尔还源自醉酒。性行为就像酒精一样，必须呈现集中的、令人讨厌的形式，因为只有这些形式才能不引

---

[1] 原书注：《现代青年的反抗》（*The Revolt of Modern Youth*），1925年。《试婚》（*Companionate Marriage*），1927年。（译者注：这两本书都是林赛法官与Wainwright Evans合著。）

起当局的警惕。性关系应该是一种有尊严的、理性的、全心全意的活动，应该有完整的人格参与其中，但我认为，美国的婚外情很少出现这种形式。在这一点上，道德家是成功的。他们并没有防止私通，相反，他们的反对甚至使私通变得刺激，从而更加普遍。但是，他们成功地使私通变得像他们描述的那样不受欢迎，正如他们成功地使人们饮用的大部分酒精变得像他们描述的那样有毒。他们迫使年轻人单纯地对待性，使其独立于日常陪伴、共同工作和所有心理上的亲密关系。比较胆怯的年轻人还没有进行到"完整的性关系"，只是满足于制造出持久的性兴奋，但这并不会带来满足感，反而会削弱神经，使他们在以后很难或者不可能完全享受性生活。盛行于美国年轻人中间的那种性兴奋还有另一个缺点，那就是它使人要么无法正常工作，要么睡眠不足，因为它必然与持续到凌晨的聚会有关。

如果官方的道德准则保持不变，一个更严重的问题就是偶尔发生灾难的风险。如果一个年轻人的所作所为不幸传到了某个道德卫士的耳中，后者会问心无愧地进行一场施虐般的丑闻狂欢。由于美国的年轻人几乎不可能掌握正确的避孕知识，意外怀孕并不罕见。这个问题的解决方案通常是堕胎，这是危险的、痛苦的、非法的，而且是很难保密的。在当今美国非常普遍的是，年轻人的道德与老年人的道德之间存在巨大的鸿沟，这种鸿沟会导致另一个不幸的结果，那就是父母和孩子往往不可能有真正的亲密或友谊，父母也无法通过建议或同情来帮助孩子。当年轻人把自己遇到的困难告诉父母时，不可能不引起震怒——可能会导致丑闻，必然会引起歇斯底里的剧变。因此，在孩子进入青春期后，父母和孩子的关系就不再发挥任何有益的作用。特罗布里恩群岛岛民多么文明啊！那里的父亲会对女儿的恋人说："你跟我的孩子睡觉了：很好，你们结婚吧。"[1]

尽管有上述这些缺点，但美国年轻人获得的部分解放相比于他们的父辈还是有很大的好处。他们更少拘谨，更少约束，更加脱离于缺乏理性基础的权威。我还认为，比起他们的长辈，他们可能不会那么残忍、野蛮和暴力。因为美国人生活的特点，就是以暴力的形式把不受管束的冲动发泄出去，这种冲动往往无法通过性得到宣泄。或许我们可以希望，当现在的年轻一代步入中年时，他们不会完全忘记自己年轻时的行为，并且能够对性的尝试保持宽容——目前由于保密的需要，在性方面的尝试几乎是不可能的。

英国和美国的情况差不多，但由于没有禁酒令，汽车的数量也更少，英国不像美国那么严重。在英国，当然也包括在欧洲大陆，我认为没有得到最终满足的性行为要少得多。总的来说，英国有身份的人很少像美国有身份的人那样充满了迫害他人的热情（除了一些例外的情况）。然而，两国之间仅仅是程度上的不同。

本·林赛法官多年来一直负责丹佛的少年法庭，这个职位使他有绝佳的机会了解事实。他提出了一种新的制度，称之为"试婚"。他利用该职位促进年轻人的幸福，而不是让年轻人意

---

[1] 原书注：马林诺夫斯基，《美拉尼西亚西北部蛮野人的性生活》，第73页。

识到罪恶，当人们得知这一点时，三K党和天主教徒联合起来罢免了他，他很不幸地失去了官职。"试婚"是明智保守者的建议。它是一种尝试，在年轻人的性关系中加入一些稳定的元素，从而取代目前的滥交。他指出了一个明显的事实：缺钱是阻碍年轻人结婚的原因，而婚姻中之所以需要钱，一方面是因为孩子，另一方面是因为婚姻不再是妻子的谋生方式。他认为年轻人应该进入一种新的婚姻，这种婚姻的三个特点使它区别于普通的婚姻。第一，暂时不应该有生孩子的打算，因此要向年轻夫妇提供最好的节育信息。第二，只要没有孩子，并且妻子没有怀孕，在双方同意的情况下就可以离婚。第三，在离婚的情况下，妻子无权获得抚养费。我同意他的这个说法：如果法律能够确立这样一种制度，那么许多年轻人（比如大学生）就会进入一种相对长期的、涉及共同生活的伙伴关系，从而避免目前两性关系中的纵欲特征。他举例证明，已婚的年轻学生比未婚的学生成绩更好。显然，工作和性更容易在准长期的关系中结合，而不是在聚会时酒精刺激的混乱和兴奋中结合。两个年轻人在一起生活的费用绝不会比他们分开生活的费用更高，因此，目前导致结婚推迟的经济原因将不再成立。如果林赛法官的方案体现在法律中，我毫不怀疑它将产生非常有益的影响，所有人都会同意这种影响具有道德上的益处。

然而，林赛法官的提议在整个美国引发了所有中年人和所有报纸的一片惊呼。有人说，他在攻击家庭的神圣性；有人说，容忍不打算马上生孩子的婚姻，就是打开了淫欲合法化的闸门；有人说，他极度夸大了婚外性关系的普遍程度；有人说，他在诽谤纯洁的美国女性；有人说，大多数商人直到三十岁或三十五岁还保持着愉快的禁欲生活。这些都是真实存在的观点，我试着相信，有一些人对这些观点是深信不疑的。我听到了许多对林赛法官的谩骂，但在我的印象中，有两个论据被认为是决定性的。第一，基督不会同意林赛法官的提议；第二，更自由的美国神学家不会同意林赛法官的提议。第二个论据似乎更有分量，而且确实如此，因为第一个论据纯属假设，无法被证实。我从来没有听到任何人提出任何论据，或者假装去证明林赛法官的提议会减少人类的幸福。事实上，我不得不得出结论：那些坚持传统道德的人认为，人类的幸福是完全不重要的。

我非常确信"试婚"是朝着正确的方向迈出了一大步，而且会带来很多好处，但我认为这远远不够。我认为，所有不涉及孩子的性关系都应该被视为纯粹的私事，如果一对男女选择同居而不生孩子，那就应该是他们自己的事情，与别人无关。我认为，在没有性经验的情况下，无论是男人还是女人，都不应该为了生孩子而结婚。有大量的证据表明，第一次性体验最好是和有经验的人。人类的性行为不再是出于本能，这一点自从人类的性行为不再是后入式之后就非常明显了。除此之外，在事先不了解双方的性契合度的情况下，要求人们建立一段终身关系似乎是很荒谬的。它的荒谬程度就像是一个想买房子的人在购买之前不被允许看房。如果充分认识到婚姻的生物学功能，正确的做法应该是，在妻子第一次怀孕之前，任何婚姻都不应具有法律约束力。在目前的情况下，如果不能发生性关系，那么婚姻就应该是无效的，但婚姻的真正目的是孩子，而不是性交，因此，在有希望生孩子之前，婚姻不应该被视为圆满的。这种观点至少部分地依赖于避孕所带来的生殖和性爱的分离。避孕药彻底地改变了性和婚姻，使人们更加重视之前被忽略的区别。人们走到一起，可能仅仅是为了性，比如卖淫；可能是为了包含性元素的陪伴，比如林赛法官的"试婚"；也可能是为了养育一个家庭。它们都是不同的，没有一种道德能适应现代的环境，因为现代的环境把它们混淆在一个不加区分的整体中。

父亲在未来可能将彻底消失?

杜素娟

在这一章，罗素提了一个颇为前卫的看法，那就是随着时代的发展，家庭的重要性会越来越低。他甚至提出了一个令人震惊的观点："父亲在未来可能将彻底消失。"

他为什么会这么说呢？

罗素认为，人类社会之所以组成家庭，是因为生存的需要。在生产力低下的时代里，人们无论是狩猎还是种植，要得到充足的食物和生活资料，都需要足够的人力，以大家长居首、诸代家庭成员聚居在一起的家庭模式就是必要的，个体的人从年幼到成年，大都依附大家庭而生存。但是工业革命之后，生产力和生产方式发生了巨变，机器代替了人力，工厂代替了家庭作坊，这些都让通过家庭聚集来挣取生活资料的方式不再必要，大家庭难以延续。

同时工业革命带来生活方式的变革，让年轻人有了更多独立的意识和机会，经济的发展、人口的流动、交通的便利等因素都让年轻人的独立发展拥有了更多可能性，于是年轻人不再依附家庭而生活，而是以独立个体的方式离家打拼。最重要的是，随着科技的发展、个体生存能力的不断提升，女性对于婚姻和家庭的依赖度也在不断降低，很多女性不再像以往那样靠嫁人换取生活资源，而是靠工作能力就能独立生存。女性对家庭依赖度的降低，是让家庭的重要性持续下降的核心因素。

那么，罗素为何预言"父亲可能将彻底消失"呢？罗素认为，随着工商业的发展，很多忙碌的父亲已经不再参与子女的教育，孩子被交给社会教育机构，这些机构开始取代父亲在子女教育中的位置，只有部分父亲努力在业余或者周末陪伴子女并和他们玩耍。跟传统家庭里父母对子女的全程教育相比，现代家庭中家庭教育的占比已经急剧下降。从经济支撑上来说，随着女性群体经济能力的极大提升，很多父亲也不再是家庭中唯一的或最重要的经济支撑，甚至对很多经济独立的女性而言，父亲的必要性已经微乎其微。"女人将和国家而不是男人共享孩子"，罗素认为这种趋势会越来越明显。虽然双亲制家庭依旧是社会的主流，但它的地位已经开始出现动摇。

至少从当下东西方社会观察，罗素所预言的这种趋势的确在发生。

第十三章
现今的家庭

　　读者此时或许已经忘了，在第二章和第三章，我们探讨过母系的家庭和父系的家庭，以及它们对原始性道德观的影响。家庭是限制性自由的唯一合理的依据，现在是时候继续讨论家庭的问题了。我们已经结束了关于性和罪的长篇大论，这两者之间的联系并不是早期基督徒发明的，他们只是将这种联系运用到了极致，并使其体现在大多数人自发的道德判断中。一些神学观点认为，性本身具有某种邪恶的东西，只有通过婚姻加上繁衍后代的愿望才能将其消除，这种观点我不再赘述。我们现在必须考虑的问题是，两性关系的稳定达到何种程度才是对孩子有利的。也就是说，我们必须把家庭当作婚姻稳定的理由。这个问题一点也不简单。很明显，作为家庭成员的孩子所获得的利益，取决于家庭之外的其他选项如何：可能有一些非常好的弃婴收养机构，甚至比大多数家庭更合适。我们也必须考虑父亲在家庭生活中是否扮演了重要的角色，正是他们的缘故，人们才认为女性的忠贞对家庭来说是至关重要的。我们必须研究家庭对儿童个体心理的影响——弗洛伊德以一种颇为险恶的态度处理了这个问题。我们还必须考虑经济制度如何提高或降低父亲的重要性。我们必须扪心自问，是否希望看到国家取代父亲的位置，或者甚至如柏拉图所言，取代父亲和母亲的位置。即使我们认为父母为孩子提供了最好的环境，但我们必须考虑许多情况，比如其中一方不适合承担为人父母的责任，或者双方无法和谐相处，以至于他们应该为了孩子的利益而分开。

那些基于神学而反对性自由的人，通常也会反对离婚，原因是离婚损害了孩子的利益。不过，当具有神学思维的人使用这种论据时，它并不是真诚的论据，这一点体现在下面这个事实中：他们既不能容忍离婚，也不能容忍避孕，哪怕患有梅毒的父母很可能会生出患有梅毒的孩子。这类案例表明，为小孩子的利益而发出的恳切呼吁，如果被推向极端，只不过是残忍的借口罢了。我们需要不带偏见地考虑婚姻和孩子利益之间的关系，而且要认识到答案从一开始就不是显而易见的。在这里，我们有必要做一些简要的概括。

家庭这种制度在人类出现之前就已经存在，它的生物学依据是，父亲在母亲孕期和哺乳期的帮助往往有助于孩子的生存。但是，特罗布里恩群岛的例子已经表明，在原始条件下给予这种帮助的原因，完全不同于文明社会中驱使一名父亲这么做的原因——我们也可以从类人猿的例子中有把握地推断出这一点。原始社会的父亲并不知道孩子和自己有生物学联系。这个孩子是他心爱的女人的后代。他见证了孩子的诞生，所以他知道这个事实，正是这个事实产生了他与孩子之间的本能联系。在这个时期，他不认为保护妻子的忠贞有什么生物学上的重要性，但毫无疑问的是，如果妻子的不忠引起他的注意，他就会本能地感到嫉妒。在这个时期，他对孩子也没有任何财产意识。孩子是母亲和舅舅的财产，父亲和孩子的关系仅仅是一种爱。

但随着智力的发展，男人注定会吃下知善恶树[1]的果实。他开始意识到孩子源自他的种子，因此他必须确保妻子的忠贞。妻子和孩子成了他的财产，而且在经济发展的特定时期，他们可能是非常宝贵的财产。他利用宗教信仰，让妻子和孩子对他产生责任感。这一点对孩子来说尤其重要，因为尽管当孩子年幼时父亲比他们强壮，但总有一天父亲会衰老，而那时孩子正值壮年。在这个阶段，对于父亲的幸福来说，孩子的尊重是至关重要的。关于这个问题，戒律的措辞具有欺骗性。它应该这样写："当孝敬父母，使他们的日子在地上得以长久。"[2]从早期文明中发现的对弑父和弑母的恐惧，表明这种需要克服的诱惑具有多么强大的力量，因为我们无法想象的某些罪行（比如同类相食）并不能激起我们真正的恐惧。

---

[1] 译者注：知善恶树（the tree of the knowledge of good and evil），《圣经》中伊甸园内的一棵树，吃掉这棵树的果实就可以分辨善恶。亚当和夏娃不听上帝的吩咐，在蛇的诱骗下吃了果实，因此被上帝驱逐。

[2] 译者注：此处对应的《圣经》原文是"当孝敬父母，使你的日子在耶和华你神所赐你的地上，得以长久"（《出埃及记》第二十章十二节）。这也是"摩西十诫"中第五诫的内容。

早期畜牧社会和农业社会的经济条件促使家庭达到它的全盛状态。大多数人无法获得奴隶劳工，因此获得劳动力最简单的方法就是繁殖。为了确保孩子为父亲工作，必须通过宗教和道德的全部力量将家庭制度神圣化。逐渐地，长子继承制将家族的整体扩展到附属分支，并增强了家长的权力。在本质上，王权和贵族制度取决于这种观念秩序，甚至取决于神性，因为宙斯是众神和人类的父亲。

到目前为止，文明的发展已经增强了家庭的力量。但此后发生了一场相反的运动，最终导致西方世界，家庭仅仅变成了过去家庭的影子而已。家庭之所以衰败，部分是因为经济，部分是因为文化。在家庭最充分发展的状态下，它既不适合城市人口，也不适合航海民族。除了我们所处的时代，历史上文化发展的主要原因一直是商业，因为它使人们与其他习俗互动，从而摆脱自己的部落偏见。因此我们发现，相比于同时代的其他人，航海的希腊人具有更少的家庭奴隶制。在意大利威尼斯、荷兰以及伊丽莎白时代的英格兰，还有一些例子证明了海洋的解放性作用。然而，这不是我们要讨论的重点。我们关心的重点是，当某个家庭成员出海远航，其他成员都待在家里的时候，他必然就摆脱了家庭的控制，家庭的力量也相应地被削弱了。农村人口涌入城镇，是所有文明崛起时期的特征，它在削弱家庭方面与海上贸易是一样的。对社会底层或许更重要的另一个影响是奴隶制。主人不尊重奴隶的家庭关系。只要他愿意，就可以把丈夫和妻子分开，当然，他也可以与自己喜欢的任何女奴发生性关系。的确，这些影响并没有削弱贵族家庭的力量，因为这些家庭的维系是通过渴望名声，以及渴望赢得家族斗争——那种蒙太古与凯普莱特式的斗争[1]是古代城市生活的特征，也是中世纪晚期和文艺复兴时期意大利城市生活的特征。然而，在罗马帝国的第一个百年，贵族制度失去了它的重要性，最终获胜的基督教刚开始只是奴隶和无产者的宗教。这些社会阶层中的家庭在先前就已经被削弱，这个事实说明了早期基督教对家庭的敌意，并且已经形成了一种伦理，该伦理导致家庭地位下降的程度，远远超过了从前除佛教以外任何宗教的伦理。在基督教伦理中，重要的是灵魂与上帝的关系，而不是人类与同胞的关系。

但佛教的例子应该提醒我们，不要过分地强调宗教的纯经济原因。佛教在印度的传播一度使人们用经济原因解释佛教对个体灵魂的重视，我并不了解当时的情况，我也很怀疑是否存在这样的原因。佛教在印度盛行的整个时期，它似乎主要是王子们信奉的宗教，人们可以预料，在所有的阶层中，与家庭有关的思想对王子的影响最大。然而，由于普遍存在的蔑视世界和寻求救赎，家庭在佛教伦理中处于非常次要的地位。除了穆罕默德和孔子（如果他也算是宗教领袖的话），伟大的宗教领袖一般都不会考虑社会和政治，而宁愿通过沉思、自律和克己寻求灵魂的完善。与那些早于历史记录的宗教相反，在人类历史上兴起的宗教总体上来说是个人主义的，倾向于假设一个人可以在孤独中完成他

---

[1]　译者注：蒙太古（Montague）和凯普莱特（Capulet）是莎士比亚的戏剧《罗密欧与朱丽叶》中两个敌对的家族。

的全部职责。他们坚持认为，如果一个人拥有社会关系，他就必须履行这种关系的公认职责，但他们通常不认为人们有责任构建这种关系。基督教尤其如此，它对家庭的态度一直很矛盾。福音书中写道："爱父母甚于爱我的，不配做我的门徒。"[1]这实际上意味着，人应该做他自己认为对的事情，即便他的父母认为是错的——古罗马人或传统的中国人不会赞同这样的观点。基督教中的个人主义以非常缓慢的速度发酵，却逐渐削弱了所有的社会关系，尤其是在那些最虔诚的人中间。这种影响在新教中比在天主教中更常见，因为新教中有非常突出的无政府主义元素，这些元素包含在"应当服从上帝而非服从人"的原则中。服从上帝，实际上就是服从自己的良心，而人的良心可能是各不相同的。因此，良心和法律之间必定会偶尔发生冲突，对于那些遵从良心胜过遵从法令的人，真正的基督徒会觉得有义务尊重他们。[2]在早期文明中，父亲是神；在基督教中，上帝是父，其结果是，只有人类父母的权威被削弱了。

毫无疑问，工业革命是近代家庭衰败的主要原因，但在此之前，个人主义理论实际上已经催动了这种衰败。年轻人主张有权按自己的意愿而非父母的命令结婚。已婚的儿子不会继续住在父亲的房子里，新的习惯是，儿子一完成学业就会离家谋生。只

---

[1] 译者注：引自《马太福音》第十章第三十七节。

[2] 译者注：休·塞西尔勋爵（Lord Hugh Cecil）在战争期间对良心拒服兵役者（指由于思想自由、个人良心或者宗教信仰等道义理由，而要求拒绝服兵役的个人）的宽大处理可以作为一个例证。

要小孩子可以在工厂里工作，他们就一直是父母的生计来源，直到他们因过度劳累而去世。但《工厂法》结束了这种形式的剥削——尽管以此为生的人提出了抗议。孩子从一种生活来源变成了一种经济负担。在这一时期，人们开始了解避孕用品，出生率开始下降。有很多人持这样的观点：在所有时代，人们生育孩子的平均数量正好等于他们所能负担得起的孩子数量，不多也不少。对于澳大利亚的土著、兰开夏郡的棉花工人以及英国的贵族，这种说法似乎都是对的。我不知道这种观点在理论上多么正确，但它确实非常接近人们推测出的可能真相。

国家的作用大大削弱了现代家庭的地位，甚至最牢固的家庭也不例外。在鼎盛时期，家庭的组成包括一位年迈的家长、一大批成年的儿子，以及他们的妻子和孩子——也许还包括孩子的孩子。所有人都生活在同一所房子里，参与同一个经济单位，像现代军国主义国家的公民一样严格地联合起来对抗外部世界。如今的家庭只剩下父亲、母亲和年幼的孩子，根据国家的法令，孩子在学校里度过大部分时间，他们学习的内容是国家认为对他们有益的，而不是父母所希望的。（然而，宗教是部分的例外。）古罗马时的父亲对自己的孩子拥有生杀大权，但英国的父亲没有这样的权力，如果他对待孩子的方式效仿了一百年前的大多数父亲的道德教育，他就有可能因为残忍而受到指控。国家提供医疗护理和牙齿保健，如果父母一贫如洗，国家也会为孩子提供食物。父亲的职能减少到最低限度，因为他的大部分职能已经由国家接管。随着文明的进步，这是必然的。在原始状态下，父亲是必需的——在鸟类和类人猿中都是如此。这既是出于经济原因，也是为了保护幼崽和母亲免受暴力。后一项职能很久以前就已经由国家接管。对于孩子来说，即使自己的父亲去世，他被谋杀的可能性也不会变大。在富裕阶层，已去世的父亲比仍在世的父亲更能有效地发挥他的经济职能，因为他可以把钱留给子女，而不必把其中一部分浪费在子女对自己的赡养上。但对于那些依赖于工资收入的人群，父亲在经济上仍然是有用的，但工薪阶层中的这种效用正在不断地被社会的人道主义情绪所削弱，这种观点坚持认为孩子应该得到最低限度的照顾，即使孩子没有可以为此付钱的父亲。目前只有在中产阶级，父亲才是最重要的，因为只要他活着并且有一笔可观的收入，他就能给孩子提供昂贵的教育，从而使孩子保持社会地位和经济地位；但如果在孩子很小的时候父亲就去世了，孩子的社会地位就很可能会下降。然而，参加人寿保险的习惯大大降低了这种事态的不稳定性，即使是在职业阶层中，一位明智的父亲也可以通过人寿保险大大降低自己的效用。

现代社会的父亲大多忙于工作，不能经常见到自己的孩子。早晨匆匆去上班，没有时间交谈；晚上回家的时候，孩子们已经（或应该）上床睡觉了。人们听说过这样的故事：一些孩子把父亲当成"那个周末过来的男人"。父亲很少参与照顾孩子这件严肃的事情，事实上，这一职责由母亲和教育当局共同承担。的确，父亲经常对孩子有强烈的感情，尽管他和他们在一起的时间很少。在任何一个星期天，在伦敦任何一个较贫困的地区，都可以看到许多父亲带着年幼的孩子，这些父亲显然很高兴有这个短暂的机会了解自己的孩子。但是，无论父亲如何看待这种关系，孩子会认为这只是一场游戏，没有什么重要的意义。

上层阶级和职业阶层的习惯是在孩子很小的时候把他们交给保姆，之后把他们送到寄宿学校。母亲选择保姆，父亲选择学校，这样他们就能保全对子女的权力感——工人阶级的父母不可能做到这一点。但富裕阶层中的母亲和孩子之间的亲密接触，一般来说少于工薪阶层。富裕阶层中的父亲和孩子的关系不过是一场假日的游戏，在真正的教育中，父亲的作用并不会超过工人阶级的父亲。当然，父亲有经济上的责任，也有权决定孩子在哪里接受教育，但他们之间的私人接触通常不是很严肃。

当孩子到了青春期时，就很容易与父母发生冲突，因为孩子自认为现在已经有能力管理自己的事情，父母则充满了牵挂和关怀，但这通常是伪装成爱的权力。父母通常认为，青春期出现的各种道德问题属于他们的管辖范围。但是，他们表达的观点非常武断，以至于年轻人很少向他们吐露心声，而通常私底下按自己的方式行事。因此，在这个时期，大多数父母都是无用的。

到目前为止，我们只考虑了现代家庭的弱点。我们现在必须考虑它在哪些方面仍然很强大。

今日的家庭之所以重要，更多的是因为它提供给父母的情感。无论是对于男性还是对于女性，父母情感在影响行动方面也许都具有最大的重要性。有孩子的男人和女人通常都是根据孩子来调整自己的生活，孩子使非常普通的人在某些方面表现得无私，其中最显著、最确凿的例子也许就是人寿保险。教科书中从未提及一百年前的经济人有孩子，但毫无疑问，在经济学家的想象中他们是有孩子的，然而，经济学家想当然地认为，父亲和孩子之间不存在他们假设的普遍竞争。[1]显然，古典政治经济学所讨论的动机范围无法囊括参加人寿保险的心理。然而，这种政治经济学并不能完全脱离心理学，因为对财产的渴望与父母感情是密切相关的。里弗斯（Rivers）甚至认为，所有的私有财产都源自家庭情感。他提到某些鸟类在繁殖季节拥有私产，在其他时间则没有。我想，大多数男人都可以证明，在有了孩子以后，他们比以前更加贪婪了。通俗地说，这是一种本能，换言之，它是源于潜意识的自发心理。我认为在这方面，家庭对人类的经济发展有着不可估量的重要性，对于那些足够富裕、有机会存钱的人来说，家庭仍然是一个主导因素。

在这一点上，父亲和孩子之间很容易产生一种奇怪的误解。一个忙于事业的男人会告诉他懒惰的儿子，他一生努力工作都只是为了孩子好。相反，儿子更愿意在现在得到一笔小钱和一点慈爱，而不是在父亲死后得到一大笔遗产。另外，儿子还十分正确地注意到，他的父亲去城里是出于习惯，而不仅仅是出于父爱。因此，儿子确信父亲是个骗子，正如父亲确信儿子是个败家子。但儿子的看法是不公平的。儿子见到的是中年时的父亲，父亲的

---

[1]　译者注：经济人（economic man）是经济学家提出的一种假设，即假定人的思考和
　　行为都是理性的，致力于获得最大的经济利益。竞争（competition）是经济学中的
　　一种现象，竞争通常是基于稀缺，因为稀缺普遍存在，所以经济学家认为竞争也是
　　普遍存在的。

所有习惯都已形成，他没有意识到某种模糊的、无意识的力量导致了这些习惯。也许这位父亲在年轻时经受过贫穷的折磨，当他的第一个孩子出生时，他会本能地发誓，绝不让他的孩子忍受和他一样的痛苦。这样的决心非常重要和关键，不需要在意识中重复，就可以永远支配行为。这个例子证明了家庭仍然有强大的力量。

从小孩子的角度看，父母的重要性在于孩子从他们那里获得了一种爱，这种爱只有他的兄弟姐妹才有可能获得。这是好事，也是坏事。我打算在下一章中讨论家庭对儿童的心理影响。因此，我现在不想过多地谈论这个话题，但我可以明确地说，它是性格形成的一个非常重要的因素，相比于普通的孩子，不在父母身边长大的孩子可能会有很大的不同，这种不同可能是好的，也可能是坏的。

在贵族社会，或者说在任何一个允许个人显贵的社会，家庭对某些重要人物来说是与历史延续有关的一个标志。据观察，姓"达尔文"的人似乎比姓"斯努克斯"的人更容易取得科学上的成就。我相信，如果姓氏是随母亲而不是随父亲，这种影响仍然会和现在一样强大。在这种情况下，我们不可能分别确定遗传和环境的作用，但我深信，在高尔顿[1]和他的追随者所认定的遗传现象中，家庭传统起了很大的作用。我们还可以举一个例子证明家

---

[1] 译者注：指弗朗西斯·高尔顿（Francis Galton，1822—1911），英国遗传学家、统计学家，查尔斯·达尔文的表弟。高尔顿最早使用"优生学"一词，他主张人类的才能可以通过遗传延续。

庭传统带来的影响：据说正是家庭传统使塞缪尔·巴特勒发明了"无意识记忆"学说，并倡导一种新拉马克主义的遗传学说。[1]由于家庭原因，他觉得有必要反对查尔斯·达尔文。他的祖父（似乎）与达尔文的祖父发生了争吵，他的父亲与达尔文的父亲发生了争吵，所以他必须和达尔文争吵。正是因为达尔文和巴特勒都有脾气暴躁的祖父，才有了萧伯纳的《回到玛士撒拉》[2]。

在避孕用品盛行的今天，也许家庭最大的重要性就是它保留了生儿育女的习惯。如果一个男人无法把孩子当作财产，也没有机会和孩子建立深情的关系，就会觉得生孩子没有意义。当然，只要稍微改变一下我们的经济制度，就有可能存在只有母亲而没有父亲的家庭，但我们目前不考虑这样的家庭，因为它不涉及性忠贞的动机，我们现在关注的是，家庭作为婚姻稳定的理由。有可能——而且我认为可能性不小——在不久以后，除了富人之外，父亲将完全消失。在这种情况下，女性将与国家分享她的孩子，而不是与孩子的父亲。她们想生多少孩子就生多少孩子，父

---

[1] 译者注：塞缪尔·巴特勒（Samuel Butler，1835—1902）是一位反传统的英国作家，他支持进化论，但反对达尔文的自然选择学说。巴特勒的一个理论是"无意识记忆"（unconscious memory），认为个体的基因中储存了来自先前世代的经验和记忆，这种观点更接近拉马克的理论。拉马克，指让-巴蒂斯特·拉马克（Jean-Baptiste Lamarck，1744—1829），法国博物学家，他最早提出了生物进化的学说，但他的理论最终被达尔文的理论推翻。

[2] 译者注：玛士撒拉是《圣经》中的人物，也是最长寿的人。《回到玛士撒拉》（*Back to Methuselah*）是萧伯纳的戏剧，针对第一次世界大战后欧洲普遍存在的沮丧和贫困，萧伯纳将其归咎于社会治理，并且认为最大的问题是经验丰富的人会衰老和死亡。在这部具有科幻色彩的戏剧中，萧伯纳提出的解决方案是延长人类的寿命（就像玛士撒拉一样），而方法则涉及拉马克主义的进化观。

亲将不承担任何责任。事实上，如果母亲有滥交的倾向，父亲的身份可能就无法确定。但如果这种情况成为现实，男人的心理和活动会发生深刻的变化，我相信，这种变化比大多数人想象的要深刻得多。至于它会给男人带来好的影响还是坏的影响，我无法确定。它会在男人的生活中消除唯一与性爱同等重要的情感。它会使性爱本身变得更加琐碎。它会使男人更难对自己死后的任何事情产生兴趣。它会使男人不那么活跃，并可能提前退休。它会削弱男人对历史的兴趣，以及对历史传统连续性的感知。同时，它也会消除文明人容易产生的最强烈、最蛮野的激情，即保护妻儿免受有色人种的攻击时感受到的狂怒。我认为，它会使男人不那么好战，可能也不那么贪婪。几乎不可能平衡好的影响和坏的影响，但很明显，它们将是深刻而持久的影响。因此，父权制家庭仍然很重要，虽然我很怀疑它能维持多久。

三个圈 专家伴读

什么样的家庭最有利于孩子的成长？

杜素娟

　　在罗素看来，对于孩子而言，并非所有的家庭都是有益的。没有爱，孩子会变得身体瘦弱，神经质，缺失安全感；但没有正确的爱，孩子同样难以健康地成长。

　　例如，在劳伦斯的小说《儿子和情人》中，莫瑞尔太太因为夫妻关系糟糕，没有互相的理解和爱，只能把感情全部寄托在两个儿子身上。她的爱变成了对于儿子们近乎疯狂的控制欲，控制他们的事业和爱情，结果两个儿子都在这副无法承担的母爱枷锁中痛苦不堪。

　　罗素在这一章的论述与此不谋而合。一个在夫妻关系中没有得到满足和幸福的母亲，很可能会把情感寄托在孩子身上。但这种寄托并不是出于单纯的照顾孩童的母爱，而是带着一种潜意识中对于爱的索取。她会把在丈夫那里无法实现的控制、占有、爱的需求，都投射到孩子身上。这种情感需求会给孩子的成长带来非常大的隐患，甚至产生弗洛伊德所说的"恋母情结"。孩子一直活在母亲的控制之中，但由于需要承担母亲过分的爱的需求，又会造成他们内心深处的"憎母情结"。心理层面的这种纠葛，将成为孩子成长过程中的巨大隐患。

　　还有不正确的父爱。罗素坚定地认为，如果一个父亲起不到实质的作用，还不如没有。一个独裁、暴躁、不负责任的父亲，他对孩子的影响弊大于利，这样的父亲在孩子的人生中缺席，也许会对孩子更有利。认为孩子必须有父亲，是很盲目的看法，一个不能带给孩子积极影响的父亲，在罗素看来，是完全没有必要留在孩子人生中的。

此外，还有缺失公正的爱。在多子女的家庭中，假如父母不能公平地对待所有的子女，对孩子的成长也会有很坏的影响。罗素认为，父母表现出来的不公正，会激发兄弟姐妹之间的嫉妒，严重的会导致杀人躁狂症和神经紊乱。因此，面对多子女，父母做到不偏袒，是非常重要的。

第十四章
家庭对个人心理的影响

在本章中，我想讨论家庭关系如何影响个人性格。这个问题有三个方面：对孩子的影响、对母亲的影响、对父亲的影响。当然，我们很难区分这三者，因为家庭是一个紧密结合的单位，任何影响父母的事情，都会影响父母对孩子产生的作用。然而，我将尝试从三个方面讨论，并且很自然地从孩子开始，因为每个人在成为父母之前都是家庭中的孩子。

根据弗洛伊德的观点，小孩子对其他家庭成员的情感具有某种极端的特征。男孩仇视他的父亲，把父亲视为性的竞争者。他对母亲的情感，则被传统道德极度憎恶。他讨厌自己的兄弟姐妹，因为他们吸引了父母的部分关注，而他希望所有的关注都集中在自己身上。在以后的生活中，这些骚动的激情会导致最多样、最可怕的影响，轻则同性恋，重则躁狂症。

这种弗洛伊德学说并没有人们想象的那么可怕。的确，一些教授因为相信这种观点而被免职，那一代中最优秀的一个人[1]也因为践行该学说而被英国警方驱逐。但是，基督教禁欲主义具有非常强大的影响力，相比于对婴儿仇恨的描述，更令人震惊的是弗洛伊德对性的坚持。然而，我们必须试着不带偏见地评判弗洛伊德关于儿童情感的观点，从而辨别他是对的还是错的。首先我要承认，近年来我与小孩子接触的大量经验使我产生了这样一种观点：弗洛伊德理论的正确性远远超出了我以前的认知。然而，我仍然认为这只是代表了真相的某个方面，稍微有点常识的父母可以很轻易地使它变得无关紧要。

我们从俄狄浦斯情结开始谈起。毫无疑问，婴儿性欲的强烈程度超出了弗洛伊德之前所有人的认知。我甚至认为，童年早期的异性性欲的强烈程度，也超出了人们从弗洛伊德著作中推断出来的强度。不明智的母亲无意中把年幼儿子的异性恋情感集中在自己身上，这是很简单的。如果发生了这种事情，弗洛伊德指出的邪恶后果很可能会随之而来。但是，如果母亲对自己的性生活感到满意，这种情况就不太可能发生，因为她不会从孩子那里寻求情感满足，这种情感满足只应该从成年人那里获得。纯粹的父母冲动是一种照顾孩子的冲动，而不是向孩子索取爱的冲动。如果一个女人在性生活中感到快乐，她会自动地放弃所有的不合理要求 —— 比如从孩子身上获得情感反应。因此，快乐的女人比不快乐的女人更有可能是一个好母亲。然而，没有哪个女人能保

---

[1] 原书注：Homer Lane。（译者注：荷马·莱恩，美国教育家，他认为如果孩子能更多地掌控自己的生活，他们的行为和性格就可以得到改善。）

证永远快乐，在不快乐的时候，她需要一定程度的自我控制，从而避免对孩子的过度要求。这种程度的自我控制并不难，但以前的人们并没有意识到这种需要，人们认为母亲不断地爱抚孩子是非常正确的行为。幼儿的异性恋情感可以在其他孩子身上得到自然、健康、纯真的宣泄，这种宣泄是玩耍的一部分，它和所有的玩耍一样是成人生活的预演。三四岁以后，孩子的情感发展需要其他男孩和女孩的陪伴，不仅是兄弟姐妹，也包括同龄人。对于儿童的健康发展来说，现代社会的小家庭过于封闭和局限，但这并不意味着儿童的环境中不应该有这种成分。

并非只有母亲容易在小孩子身上激起不恰当的情感。女仆和保姆，以及后来的学校老师，都同样危险，有些甚至更加危险，因为她们通常都是性饥渴的。教育当局认为，那些必须跟幼儿打交道的人应该永远是不快乐的老处女。这种观点显示出了对心理学的严重无知，任何仔细观察过幼儿情感发展的人都不会对此表示认同。

兄弟姐妹之间的嫉妒在家庭中很常见，在以后的生活中，它有时会演变成杀人狂和轻微的神经紊乱。只要父母和照顾孩子的其他人花点力气控制自己的行为，就不难预防严重的神经紊乱。当然，不能有任何偏袒——在玩具、待遇和关注方面，必须做到绝对的公平。当新的弟弟或妹妹出生时，必须竭尽全力地防止其他孩子觉得自己对父母来说已经不那么重要了。无论在哪里发生了严重的嫉妒事件，我们都会发现是因为人们忽视了这些简单的准则。

因此，必须满足某些条件，才能使家庭生活对儿童产生良好的心理影响。如果有可能的话，父母，尤其是母亲，一定要避免在性生活中感到不快乐。与孩子的某些情感关系会产生一种"婴儿不宜"的反应，父母双方都必须避免那种关系。父母必须以完全公平的方式对待所有的子女，不能有任何偏爱。三四岁以后，家庭不应该是孩子活动的唯一环境，他们一天中的较多时间应该在与同龄人相处中度过。如果具备这些条件，我认为弗洛伊德担心的不良影响不太可能发生。

另外，如果父母之爱以正确的形式出现，毫无疑问会促进孩子的成长。如果孩子感受不到温暖的母爱，就很容易消瘦和紧张，有时还会养成偷窃癖等毛病。父母之爱使婴儿在这个危险的世界中感到安全，使他们敢于尝试和探索身边的环境。在孩子的精神生活中，有必要让他感受到温暖的爱，因为他会本能地意识到自己的无助，意识到他需要一种只有爱才能带来的保护。如果一个孩子要快乐、开朗、勇敢地成长，他的环境中需要有一定的温暖，除非通过父母之爱，否则他很难获得这种温暖。

明智的父母还可以为孩子提供另一种帮助——虽然直到最近父母也很少这么做——那就是尽可能以最好的方式向孩子介绍关于性，以及关于为人父母的事实。如果孩子得知性是父母之间的一种关系，孩子的存在本身就归功于这种关系，那么他们就会以最好的形式了解性，也就是通过性的生物学目的来了解性。在以前，他们几乎总是从下流的笑话和淫秽的乐趣中第一次了解性。这种通过私下的淫秽言谈而形成的首次性启蒙，往往给人留下不可磨灭的印象，以至于从此以后孩子都不可能用得体的态度对待任何关于性的话题。

要判断家庭生活在总体上是否令人满意，我们必须考虑什么是唯一实际的替代选项。似乎有两种选项：一是母系家庭，二是孤儿院等公共机构。要使两者中的任何一种成为惯例，都需要进行相当大的经济变革。我们可以假设它们已经成为现实，然后考察其对儿童心理的影响。

先从母系家庭开始。人们可以设想，这里的孩子只知其母，如果一个女人想要一个孩子，她就可以生一个孩子，但她并不期望孩子的父亲对此有任何特别的兴趣，也不必期望不同的孩子有同一个父亲。假设经济安排是令人满意的，孩子们在这种制度下会承受很大的痛苦吗？父亲对孩子有什么心理上的作用？我认为，最重要的作用也许是前面提到的一点：把性和已婚之爱以及生儿育女联系起来。在婴儿期的最初几年之后，能够同时接触男性人生观和女性人生观，这也会给孩子带来非常明显的收获。这对于男孩的智力发育尤其重要。但是，我不认为这是巨大的收获。据我所知，那些在婴儿期就失去了父亲的孩子，一般来说，表现并不比其他孩子差。毫无疑问，理想的父亲比没有父亲更好，但许多父亲远远达不到理想，以至于父亲的缺席对孩子来说可能是一种积极的优势。

刚才所说的建立在一种假设之上，即我们拥有一种与目前完全不同的习俗。只要存在习俗，孩子就会因为违反习俗而承受痛苦，因为对孩子来说，最痛苦的事情莫过于感觉自己与众不同。

这种考虑适用于当今社会的离婚。如果一个孩子已经习惯了与双亲生活在一起，并且他对双亲都产生了依恋感，那么父母的离婚就会摧毁他所有的安全感。在这种情况下，他很有可能患上恐惧症和其他神经紊乱。当一个孩子对父母双方都产生了依恋感，父母若要离婚，需要承担很大的责任。因此我认为，相比于离婚被视为异常情况但频繁发生的社会，一个没有父亲位置的社会更适合孩子。

对于柏拉图提议让孩子离开他们的母亲和父亲，我没有什么可说的。基于前面提到的原因，我认为父母之爱对孩子的发展是必不可少的，虽然孩子有可能只从父亲或只从母亲那里得到这种爱，但如果从任何一方都得不到，那肯定是非常遗憾的。我们主要关心的是性道德。从性道德的角度看，重要的问题是父亲的效用。对于这个问题，我很难确切地说什么，但结论似乎是：在幸运的情况下，父亲能起到有限的作用；但在不幸的情况下，他很容易因为专制、暴躁和好斗的性格造成更多的伤害，而不是带来更多的好处。因此，从儿童心理的角度来看，支持父亲的理由并不充分。

我们很难评估目前存在的家庭对于母亲心理的重要性。我认为，在怀孕和哺乳期，女人通常会本能地希望得到男人的保护——毫无疑问，这种感觉是从类人猿那里遗传的。在如今这个非常严酷的世界，有些女性已经不需要这种保护，她可能会变得过于好斗和自信。然而，这些感觉只有部分是本能的。对于孕妇、哺乳期母亲和幼儿，如果国家给予足够的照顾，这些感觉就会大大削弱，在某些情况下甚至会完全消除。我认为，如果取消父亲在家庭中的位置，对女性造成的主要伤害可能是降低了她们在异性关系中体验到的亲密感和严肃性。每一种性别都可以从另一种性别身上学到很多东西，人类性别正是如此被建构起来的，但如果仅仅通过性关系，哪怕是充满激情的性关系，也不足以获得这些经验。相比于男性对孩子不承担任何责任的那种两性关系，在养育孩子这件严肃事务上的合作以及在漫长岁月里的陪伴，会给夫妻双方带来一种更重要、更丰富的关系。有些母亲生活在纯女性的氛围中，或者极少与男性接触；有些母亲则婚姻幸福，并且每个阶段都与丈夫合作——我认为从情感教育的角度来看，后者在大多数情况下对孩子更有好处。然而，人们一定也看到了大量与此相反的情况。如果一个女人在婚姻中非常不幸福——这样的事情绝不少见——那么，她的不幸福使她很难以正确的情绪和孩子相处。在这种情况下，如果离开了父亲，她无疑会成为一个更好的母亲。因此，我们得出了一个极其简单的结论：幸福的婚姻是好的，不幸福的婚姻是不好的。

关于家庭对个人的影响，最重要的是它对父亲的影响。我们已经多次指出父系和父爱的重要性。我们已经看到了父系在早期历史中如何影响父权制家庭的发展和女性的屈从地位，可以判断出父系情感是一种多么强大的激情。由于不易理解的原因，这种情感在高度文明的社会中反而没有那么强烈。罗马帝国时代的上层阶级似乎不再有这种感觉，今天许多有知识的人几乎或者完全没有这种感觉。然而，现在的大多数人依然可以感觉到它，哪怕在最文明的社会中也是如此。男人是为了这个而不是为了性才结婚的，因为不结婚也不难获得性满足。有一种理论认为，女人比男人更想要孩子，但我的印象正好相反——虽然无法确定真伪。在很多现代婚姻中，孩子是女人对男人欲望的一种妥协。毕竟，为了生育孩子，女性必须忍受辛劳、痛苦以及可能造成的容貌损失，男性则不需要这样的焦虑。男性希望限制家庭的规模，通常是出于经济原因；女性也会考虑这个原因，但她还有自己的特殊原因。在承担教育家庭的责任时，职业阶层的男性会刻意花费该阶层认为必要的高昂费用，并不惜承受物质享受方面的损失，当考虑到这一点时，人们就能明显地看到男性对孩子的强烈渴望。

如果男人无法享受父系所赋予的权利，他们还会生孩子吗？有人会说，如果他们不打算承担责任，他们会毫无顾忌地生孩子。我不相信这一点。想要孩子的男人，也会想要承担孩子带来的责任。在避孕用品盛行的今天，男人很少会在追求快乐的过程中仅仅因为意外而有了孩子。当然，无论法律是怎样规定的，男人和女人始终有可能生活在一种永久的结合中，男人可以享受目前的父职带来的某些东西，但是，如果法律和习俗适应了"孩子只属于母亲"的观点，女人就会觉得，任何类似于我们现在所知的婚姻的东西都是对独立性的侵犯，她们将毫无必要地失去她们原本有可能独享的对孩子的所有权。因此我们必须预料到，男人通常无法成功说服女人放弃法律保障的权利。

有关这种制度对男性心理的影响，前一章已有所阐述。我相信，这将极大地削弱男女关系的严肃性，使男女关系逐渐成为纯粹的享乐，而不是心灵、思想和肉体的亲密结合。这种情况会导致所有的人际关系都变成微不足道的小事，使一个人将其所有严肃情感都投注到他的职业、他的国家或某些与个人完全无关的主题。然而，所有这些都说得太笼统了，因为人与人之间存在巨大的差异，一个人的砒霜可能是另一个人的蜜糖。虽然我有些犹豫，但我相信，父系作为一种公认的社会关系，它的消失会使男性的情感生活变得琐碎和单薄，最终导致缓慢增长的无聊和绝望，生儿育女将逐渐消亡，只剩下那些保留着旧习俗的种族来维持人类的数量。我认为，无聊和琐碎是不可避免的。当然，为了防止人口减少，可以支付女性足够的钱，让她们从事母亲的职业。但是，这个想法涉及人口问题，我们将在后面的章节讨论。因此，我现在不继续深入探讨这个问题。

第十五章
家庭和国家

　　家庭虽然有生物起源，但在文明社会中，它是法律制定的产物。婚姻由法律约束，父母对孩子的权利也由法律规定。在没有婚姻的地方，父亲没有任何权利，孩子只属于母亲。法律的本意是维护家庭，但在现代，它越来越多地干预父母和子女之间的关系，并逐渐违背了立法者的意愿和意图，成为破坏家庭制度的主要推动力之一。这种情况之所以会发生，是因为不能指望糟糕的父母像社会普遍认为的那样照顾他们的孩子。除了糟糕的父母，那些赤贫的父母也需要国家的干预，从而确保他们的孩子免受灾祸。在19世纪初，干预工厂雇用童工的提议遭到了强烈的反对，理由是这会削弱父母的责任。英国法律不像古罗马法律那样允许父母快速无痛地杀死自己的孩子，但它确实允许父母通过缓慢而痛苦的劳动耗尽孩子的生命。父母、雇主和经济学家捍卫这项神圣的权利。然而，社会的道德意识非常反感这种不切实际的迂腐，所以通过了《工厂法》。下一步更加重要，那就是义务教育。这严重地干预了父母的权利。除节假日之外，在白天的大部分时间，孩子们必须离开家，学习国家认为他们有必要了解的东西，而父母认为重要的东西在法律上是无关紧要的。通过学校，国家逐渐扩大了对儿童生活的控制。国家也照顾儿童的健康——哪怕他们的父母是基督科学教徒[1]。如果儿童有智力缺陷，就要被送到特殊学校。如果他们特别贫困，国家可以为他们提供食物。如果父母买不起靴子，国家可以提供靴子。如果在学校的儿童表现出被父母虐待的迹象，父母可能会承担刑事后果。在以前，只要孩子未成年，父母就有权获得孩子的收入；而现在，虽然在实践中孩子很难保留自己的收入，但他们有权利这么做，并且在必要时可以强制执行这项权利。工薪阶层的父母仅剩的权利之一，就是使他们的孩子接受同街区的许多父母可能共有的迷信。而在许多国家，甚至连这种权利也被剥夺了。

对于国家替代父亲的过程，人们无法设置明确的界限。国家接管的是父亲的职能，而不是母亲的职能，因为国家为儿童提供的服务，原本应该由父亲提供。这个过程几乎没有发生在上层阶级和中产阶级当中，因为相比于工薪阶层，富裕阶层的父亲更重要，家庭也更稳定。在苏联那种重视社会主义的地方，废除或彻底改造以前服务于富人子女的教育机构，被认为是一项极其重要的事业。很难

---

[1] 译者注：基督科学教徒（Christian Scientists），指基督科学教会（Christian Science）的信徒，他们认为所有的疾病都是精神上的，因此主张通过祈祷而非通过医疗来治愈病痛。有些教徒会死于一些原本可以治愈的疾病，包括很多教徒的小孩，他们的父母会因此被起诉。

想象这种事情发生在英国。我曾经看到，对于所有儿童都应该上小学的建议，英国著名的社会主义者怒不可遏。他们惊呼："什么？我的孩子和贫民窟的孩子一起上学？绝对不要！"奇怪的是，他们没有意识到阶级分层与教育制度之间有着深刻的联系。

目前各国的趋势是，国家越来越多地干预工薪阶层中父亲的权力和职能，但几乎没有干预其他阶层（苏联除外）。其结果是，穷人和富人中间分别产生了两种截然不同的观点：穷人感觉家庭的力量被削弱了，富人却没有感受到相应的变化。针对儿童的人道主义情绪曾经引起国家的干预，我认为可以假定这种情绪将持续下去，并将导致越来越多的干预。例如，伦敦的贫穷地区和北方的工业城市有很大比例的儿童患有佝偻病，这一事实需要公众采取行动。无论父母多么希望对付这个恶魔，他们也无能为力，因为解决这个问题需要改善饮食，提供新鲜空气和光照，他们无法提供这些。让孩子在生命的第一年就遭受身体上的摧残，这是极大的浪费和残忍。随着人们更好地理解卫生和饮食，避免孩子遭受不必要伤害的要求将日益增多。但事实上，所有这些建议都面临着强大的政治阻力。

伦敦各区的富人联合起来压低税率，也就是说，他们尽可能不做任何减轻穷人疾病和痛苦的事情。如果地方当局（比如在波普拉区）采取了真正有效的措施降低婴儿的死亡率，他们就会被关进监狱。[1]然而，富人的这种阻力正在不断地被克服，穷人的健

---

[1] 原书注：1922年，波普拉区（Poplar）的婴儿死亡率比肯辛顿区（Kensington）低5‰。1926年，在恢复了波普拉区的合法性之后，波普拉区的婴儿死亡率比肯辛顿区高10‰。

康也在持续得到改善。因此，我们可以满怀信心地期待，在不久的将来，国家在照顾工薪阶层子女方面的职能会扩大，父亲的职能会相应地减少。父亲的生物学目的是在儿童无助时保护他们，当国家接管了这一职能时，父亲也就失去了存在的理由。因此，在资本主义社会中，我们必须预料到社会将逐渐分化成两个阶级：富人会保留旧的家庭结构，穷人则越来越依赖国家去执行传统意义上属于父亲的经济职能。

人们曾经设想苏联会对家庭进行更激进的变革，但考虑到该国80%的人口是农民，这些农民的家庭就像中世纪的西欧家庭一样稳固，共产主义者的理论可能只影响了相对较小的城市部分。因此我们可以看到，苏联的情况与资本主义国家正好相反，即上层阶级取消家庭，下层阶级保留家庭。

还有另一股强大的力量推动着父亲的消失，那就是女性对经济独立的渴望。迄今为止，在政治上最直言不讳的女性通常都未婚，但这种事态很可能是暂时的。已婚女性受到的不公正对待比未婚女性严重得多。已婚的教师所受到的待遇和未婚姘居的老师相同。即便是公立医院的女性产科医师，也必须是未婚的。这一切的动机并不是认为已婚女性不适合工作，也不是因为她们的就业存在任何法律障碍，相反，几年前通过的一项法律明确规定，不得让女性因为婚姻而遭受任何不公正的对待。不雇用已婚女性的原因是，男性希望保持对她们的经济权力。女性不可能永远屈服于这种暴政。当然，很难找到一个政党来支持她们的事业，因为保守党热爱家庭，而工党热爱工人。[1]然而，女性已经在选民中占多数，她们不可能一直屈服，永远居于幕后。如果她们的主张得到承认，可能会对家庭产生深刻的影响。已婚女性获得经济独立的方法有两种：一种是继续从事婚前的工作。这需要把孩子交给别人照顾，并带来托儿所和幼儿园的大量扩张，其逻辑后果是彻底消除母亲和父亲在孩子心理上的重要性；另一种是，国家应该给有小孩子的女性发工资，条件是她们要专心照顾自己的孩子。当然，单靠这种方法是不够的，还需要补充一些规定，使女性能够在孩子长大一点后重返普通工作岗位。这种方法的好处是，它使女性能够自己照顾孩子，而不必低三下四地依赖于某个男人。会有越来越多的例子表明，在如今这个时代，生孩子不再只是性满足的后果，而是人们主动承担的任务。这项任务对国家的利益超过了对父母的利益，所以应该由国家支付，而不应该给父母带来沉重的负担。在倡导家庭津贴时，人们已经认识到了最后一点，但还没有认识到抚养孩子的费用应该只付给母亲。但我们可以预料，随着工人阶级女权主义的发展，人们会认识到这一点，并将其体现在法律中。

假设已经通过了这样的一部法律，那么它对家庭道德的影响将取决于它是如何拟定的。法律可能会这样规定：如果女性的孩子是私生子，她将得不到任何报酬；或者，如果证明她犯了通奸罪（哪怕只有一次），那么报酬不应该给她，而要给她的丈夫。

---

[1] 译者注：保守党和工党是英国的两大主要政党。在本句中，"工人"一词是"working man"（而不是更常用的"worker"），它的字面意思是"工作的男人"，在英国工党成立之初，它的成员只有男性工人阶级。

如果法律是这样的，地方警察就有责任拜访每一位已婚妇女，调查她的道德状况。结果可能是令人兴奋的，但我怀疑那些感到兴奋的人是否会完全接受它。我想，不久之后就会有人要求停止警察的干预，并由此推论，私生子的母亲也应该得到家庭津贴。如果是这样，工薪阶层中的父亲就会彻底失去经济权力，家庭可能在一段时间后不再是双亲制的，父亲的重要性也不会超过猫和狗。

然而，现在的很多女性经常对家庭感到恐惧，所以我认为大多数女性更希望继续从事婚前的工作，而不是通过照顾自己的孩子来获得报酬。将来会有很多女性愿意离开自己的家，到托儿所照顾小孩子，因为这是一份职业工作。但我认为，如果大多数职业女性有选择的机会，她们更愿意外出从事婚前的工作，而不是有偿地在家照顾自己的孩子。然而，这纯粹是个人观点，我没有任何确切的依据。如果有什么东西是我能够言之凿凿的，那可能就是随着资本主义社会中已婚女性女权主义的发展，在不远的将来，工薪阶层中的一方父母甚至双方父母都不会去照顾孩子。

从纯粹的政治意义上讲，女性反抗男性统治的运动实际上已经完成，但从更广泛的意义上讲，它仍然处在初级阶段。它的长远影响会逐渐显现出来。到目前为止，人们认为女人应该有的情感，实际上仍然是男人的兴趣和情绪的反映。你会在男性小说家的作品中读到，女人在给幼儿喂奶的时候获得了身体上的愉悦。你可以去问一问你认识的任何一位母亲，就会知道事实并非如此，但除非女性拥有投票权，否则没有男人会考虑这样做。长久以来，男人一直非常渴望母性情感，因为他们在潜意识中把这当成自己统治的手段，因此需要付出很大的努力才能了解女人在这方面的真实感受。直到最近，人们还认为所有的体面女性都渴望孩子，但讨厌性交。即使是现在，当女人坦率地说她们不想要孩子的时候，许多男人会感到震惊。事实上，男性经常主动地对这类女性进行说教。只要女性还处于屈从地位，她们就不敢诚实地表达自己的情感，而只敢表达那些取悦男性的情感。人们认为存在一种女性对待孩子的"正常态度"，我们的讨论不能建立在这样的态度之上，因为我们可能会发现，当女性得到充分解放时，她们的情感会大不同于人们迄今为止的认知。我认为文明——至少是迄今为止存在的文明——在很大程度上削弱了妇女的母性感情。未来的人类很有可能无法维持高水平的文明，除非女性因为生儿育女得到足够多的报酬，使她们感觉这值得作为一种赚钱的职业。当然，如果这一点成为现实，那么没有必要让所有女性或者大多数女性从事这一职业。这将是众多职业中的一种，从事者必须具有很强的专业性。然而，这些都只是猜测。其中唯一比较确定的是，女权主义在以后的发展中可能会对瓦解父权制家庭产生深远的影响——父权制家庭代表了史前时代男人对女人的胜利。

西方正在用国家替代父亲，这在很大程度上是一种进步。它极大地改善了社会的健康状况，提高了社会的教育水平。它也减少了对儿童的残忍，避免了大卫·科波菲尔[1]的那种痛苦。我们可

---

[1] 译者注：英国作家查尔斯·狄更斯的小说《大卫·科波菲尔》（*David Copperfield*）中的人物。大卫的父亲在他出世前七个月已去世，他的母亲在他七岁时改嫁，他后来与继父发生了争吵，最终被送到寄宿学校。

以预料，它将继续提高身体健康和智力成就的总体水平，特别是防止出错的家庭制度导致的最严重灾祸。然而，用国家替代家庭存在非常严重的危险。一般来说，父母都很喜欢自己的孩子，不会把孩子仅仅当作政治计划的工具。国家不可能有相同的态度。在各种机构里实际接触儿童的个人，比如学校的老师，可能会保留一些父母的个人感受，但前提是他们没有劳累过度或者工资过低。但老师的权力很小，权力属于管理者。管理者从来没有见过受他们控制的孩子。作为管理型的人（若非如此，他们就得不到他们占据的职位），他们可能特别倾向于把人类看成某种建筑的材料，而不是他们本身的目的。此外，管理者总是喜欢一致性。一致性有利于统计和分类，如果这种一致性是"正确的"，那就意味着存在大量的他们认为理想的人类。因此，交给机构摆布的孩子往往会变得千篇一律，而少数不符合公认模式的孩子不仅会受到同伴的迫害，也会受到当局的迫害。这意味着许多极具潜力的孩子会受到骚扰和折磨，直到他们精神崩溃。这意味着成功被驯服的大多数孩子，会变得非常自信，非常容易迫害他人，对任何新的思想都非常不耐烦。最重要的是，只要这个世界仍然分裂为相互竞争的军国主义国家，在教育中用公共机构替代父母就意味着强化所谓的"爱国主义"，即只要各国政府觉得有相互毁灭的倾向，年轻人就愿意毫不犹豫地投身其中。毫无疑问，这种所谓的"爱国主义"是目前文明面临的最严重的危险，任何增强其毒性的东西都会比流行病、瘟疫和饥荒更可怕。当下年轻人的忠诚是一分为二的，一份是对父母，一份是对国家。如果他们只忠于国家，我们就有充分的理由担心这个世界将变得更加嗜血成性。因此我认为，如果不能解决国际主义的问题，国家在教育和照顾儿童方面日益增加的分量所导致的危害，就会严重到超过其毋庸置疑的好处。

另外，如果建立一个能够用法律替代武力解决国家之间争端的国际政府，情况将完全不同。这样的政府可以制定法令，要求任何国家的教育课程都不得包含过于疯狂的民族主义。它可以坚持要求在各个地方教授对国际超级国家[1]的忠诚，并且鼓励培养一种国际主义情感，以取代目前对国旗的热爱。在那种情况下，过度的一致性和对异类的严厉迫害，这两种危险仍然存在，但鼓励战争的危险被消除了。事实上，超级国家对教育的控制将是防止战争的积极保障。结论似乎是，如果是国际性的国家，用国家替代父亲是有益于文明的；但如果是民族主义和军国主义的国家，它就会增加战争对文明的威胁。家庭的衰败非常迅速，而国际主义的发展十分缓慢。因此，我们有理由相信这种形势会引起严重的担忧，但并非绝望，因为国际主义在未来可能发展得更快。或许幸运的是，由于我们无法预测未来，所以我们有权利怀着希望，甚至怀着期望：未来会在现在的基础上得以改善。

---

[1] 译者注：在20世纪初，超级国家（superstate）的定义是"一种由国家作为成员的组织，地位高于成员国本身"，当时最典型的例子是国际联盟（League of Nations），后来的联合国、欧盟就属于这一范畴。这也是本文中的含义。需要说明的是，近代以来，"超级国家"也可以指经济力量和军事力量都特别强大的国家。

离婚率低一定是好事吗？

杜素娟

　　罗素对于离婚问题发表了很多有意思的观点。比如，他认为禁止离婚是反人性的，禁止离婚不只会增加私通的概率，还会让人们对于私通表现出更多的同情。比如，在很多反对离婚的国家里，即便私通被宣布是有罪的，但人们依然选择对它视而不见；相反，在允许离婚的国家里，私通反而更容易招致大众的反感。然而，无论是反对离婚的天主教，还是反对私通的新教，罗素认为都是出自神学角度的残忍观点，而没有从人性的角度来看待婚姻。就好像天主教国家不许跟精神失常的配偶离婚，在罗素看来，这些都是违背人性且对社会毫无益处的。这种制度不但使遭遇这种困难处境的人群变得更绝望，而且对于其他社会成员，也只能加剧大家对于婚姻的恐惧，最终成为摧毁婚姻的元凶，因为它将使组建家庭、生儿育女变成一个充满风险的选择，从而令人望而却步。

　　对于那些允许离婚的条件，在罗素看来也存在太多荒唐。比如，如果一方被遗弃才能判离婚，罗素认为一定会导致社会上出现更多的遗弃，因为只有这样才能离婚。罗素认为私通也不应当成为离婚的理由。因为按照真实的人性，没有谁能在一生中从不出现想要出轨的强烈冲动。

　　罗素认为在很多情况下，离婚都是合理的。比如，当伴侣自身出现了致命缺陷，比如精神失常、嗜酒和犯罪时，这种情况下离婚就是对无辜一方的保护。再比如，当夫妻双方虽然都无过错，但的确无法再和谐相处时，这种情况下强使他们在一起，很可能会导致仇恨的产生，甚至有可能导致谋杀。

　　所以，不顾个体情况和时代情况的复杂性，盲目追求低离婚率，也许我们最终得到的只是一个残忍的现实。

第十六章
离　婚

　　由于某些原因，大多数时代和大部分国家允许离婚这种制度存在。离婚并不打算为一夫一妻制的家庭创造一种替代物，只是在婚姻由于特殊原因而无法继续维持的时候，作为一种减小困难的方式。在不同的时代和不同的地方，关于离婚的法律有很大的不同，在当今的美国国内也是如此：南卡罗来纳州禁止离婚，内华达州是相反的极端。[1]在许多非基督教文明中，丈夫很容易产生离婚的念头；在其他的一些文明中，妻子很容易产生离婚念头。《摩西律法》允许丈夫写下一纸休书；中国的法律也允许离婚，但条件是必须归还妻子的嫁妆。天主教会不允许任何目的的离婚，理由是婚姻是一种圣礼，但实践中没有那么严厉，所以事实上婚姻无效可以有很多理由——尤其是涉及地球上的大人物

---

[1]　原书注：在内华达州，离婚的理由可以是故意遗弃，犯有重罪或不名誉罪，习惯性的严重酗酒，整个婚姻期间性无能，极端残忍，未能提供生计达一年，精神错乱达两年。引自布里福，《文明中的性》，第224页。

时。[1]在基督教国家，奉行新教的程度越深，离婚就越宽松。众所周知，弥尔顿[2]写了文章支持离婚，因为他是虔诚的新教徒。在自认为是新教的时候，英格兰教会承认以通奸为理由的离婚，但不承认其他的理由。如今，英格兰教会的绝大多数牧师反对任何形式的离婚。斯堪的纳维亚半岛拥有宽松的离婚法。美国的大部分新教地区也是如此。苏格兰比英格兰更加赞成离婚。在法国，反教权主义导致了"简易离婚"。在苏联，只要任意一方提出要求，离婚都是允许的，但由于苏联不存在针对通奸或私生子的社会惩罚或法律惩罚，至少对于统治阶级而言，这里的婚姻不像其他地方那么重要。

关于离婚，最奇怪的一件事情就是法律和习俗之间经常存在差异。最宽松的离婚法未必导致数量最多的离婚。在最近的动荡之前，中国人几乎不知道离婚这回事，因为尽管有孔子的先例，但人们认为离婚是不太体面的。[3]瑞典允许协议离婚，这在美国的任何一个州都是不被认可的，但我发现，在1922年（我能够获得可比较数字的最近一年），瑞典每十万人口的离婚数量为24例，

---

[1] 原书注：我们应该记得，在马尔博罗公爵和公爵夫人的案例中，法院认为他们的婚姻是无效的，因为公爵夫人是被迫结婚的。尽管他们在一起生活了多年，并且有了孩子，但法院支持这一理由。

[2] 译者注：指约翰·弥尔顿（John Milton，1608—1674），英国诗人、思想家，代表作有《失乐园》《论出版自由》。弥尔顿写过许多关于离婚的小册子。

[3] 译者注："最近的动荡"是指1911年的辛亥革命。孔子的妻子在历史上被称为"亓官氏"，孔子在十九岁时与她结婚，并生下一儿一女，但孔子后来休妻了，原因不详。

而美国是136例。[1]我认为法律和习俗之间的这种区别很重要，因为虽然我赞成相对宽松的离婚法，但在我看来，只要人们仍然把双亲家庭当成标准，在大多数情况下习俗就有充分的理由反对离婚。我之所以持这种观点，是因为我认为婚姻主要不是一种性伙伴关系，而首先是一种共同生育和抚养孩子的承诺。我们在前面几章已经看到，在以经济为主的各种力量的作用下，人们所理解的婚姻有可能会崩溃。但如果发生这种情况，离婚也会崩溃，因为离婚制度依赖于婚姻制度而存在，它在婚姻中提供了一道安全阀。因此，我们目前的讨论将完全局限于通常认为的双亲家庭的框架内。

一般来说，新教徒和天主教徒看待离婚的方式，都不是基于家庭的生物学目的，而是基于有罪的神学观念。天主教徒认为，婚姻在上帝眼中是不可解除的，所以他们必然认为，两个人一旦结婚，无论婚姻中发生了什么，只要对方还活着，他们中的任何一方与其他人发生性关系都是有罪的。新教徒之所以赞成离婚，一方面是因为他们反对天主教的"婚姻是圣礼"的教义，另一方面是因为他们认为婚姻的不可解除会导致通奸，他们相信离婚越容易，就越能减少通奸。所以人们会发现，在那些婚姻很容易解除的新教国家，人们极度厌恶通奸；而在那些不认可离婚的国家，通奸虽然被视为有罪，但至少人们不太在意男性的通奸。

---

[1] 原书注：从那时起，瑞典的离婚和无效婚姻的总数从1923年的1531例增加到1927年的1966例，而美国的这一比例（离婚和无效婚姻的数量在婚姻总数中的比例）从13.4%上升到15%。

在离婚极其困难的沙皇俄国，无论人们如何看待高尔基的政治立场，没有人认为他的私生活有什么不好。相反，在美国，没有人反对他的政治立场，但他因为道德问题而被驱逐，没有一家旅馆愿意留他过夜。

在这个问题上，从理性的角度看，新教徒和天主教徒的观点都是站不住脚的。我们先从天主教的观点开始。如果在结婚后丈夫或者妻子精神失常，那么我们不希望这个精神失常的家庭生出更多的孩子，也不希望已经出世的孩子与精神失常的父母有任何接触。因此，即使精神失常的一方偶尔有清醒的时候，但考虑到孩子的利益，父母的完全分离是可取的。在这种情况下，禁止头脑清醒的一方享受法律认可的性关系，是一种肆意的残忍，没有任何公共益处。头脑清醒的一方面临着十分痛苦的选择。他（她）可能赞成禁欲，这是法律和公共道德所期望的；或者赞成秘密的关系，这样的话大概率没有孩子；或者赞成所谓的"姘居"，孩子有或没有都有可能。每一种方案都有严厉的反对意见。

第一个选项，完全禁欲是非常痛苦的，尤其是对于一个在婚姻中已经习惯了性生活的人。它经常导致男人或女人过早衰老。它还有可能导致神经紊乱，而且无论如何，禁欲的努力往往会产生一种乖戾、勉强和暴躁的性格。对于男性，永远存在一种严重的危险，那就是他的自我控制会突然消失，导致他做出残忍的行为，因为如果他真的相信所有的婚外性行为都是邪恶的，那么当他寻求婚外性行为的时候，他很可能会破罐子破摔，从而摆脱所有的道德束缚。

第二个选项，即没有孩子的秘密关系，在我们前面所假设的情况下，这是最常见的。当然，对此也有严厉的反对意见。任何偷偷摸摸的事情都是不可取的，而且如果没有孩子和共同的生活，严肃的性关系就不能发展出最好的可能性。但是，对于精力充沛的年轻男女，"你不能再生孩子了"这样的话是不符合公共利益的。而更不符合公共利益的是法律的实际表达："你不能再生孩子了，除非你的另一半是个疯子。"

第三个选项，姘居，是对个人和社会危害最小的一种，前提是它真的可行。但由于经济原因，在大多数情况下是不可能的。如果医生或律师试图姘居，就会失去所有的病人或客户。从事学术职业的人，会立即失去他的职位。[1]即使经济环境没有阻碍这种姘居，大多数人也会被社会惩罚吓退。男人喜欢加入俱乐部，女人喜欢被其他女人尊重和拜访。丧失这些乐趣显然是一种巨大的痛苦。因此，除了富人以及艺术家、作家等因为职业而容易生活放荡的人，公开姘居是很困难的。

由此可见，在任何一个像英国那样不允许以精神失常为理由离婚的国家，如果一个人的配偶精神失常，这个人将处在一种不堪忍受的境地，除了神学上的迷信，没有任何论据会赞成这种境地。适用于精神错乱的情况，也适用于性病、习惯性犯罪和习惯性酗酒。无论从哪个角度看，这些因素都会破坏婚姻。它们杜绝了情谊，贬损了生育，使孩子与有罪父母的接触成为一件需要避

---

[1] 原书注：前提是除非他碰巧在一所古老的大学里教书，并且与一位曾担任内阁大臣的同僚关系密切。

免的事情。因此，在这种情况下，反对离婚的唯一理由是：婚姻就像一个陷阱，它困住那些不谨慎的人，利用悲伤净化他们。

遗弃如果真的发生，当然应该成为离婚的理由，因为在这种情况下，判决离婚只是在法律意义上承认了已经存在的事实，即婚姻已经结束。然而，从法律的角度看，一个很尴尬的后果是，如果遗弃可以作为离婚的理由，那么人们就会更多地求助于这个理由，因此离婚会变得更加频繁。那些本身站得住脚的各种原因，也会出现类似的情况。许多已婚夫妇非常强烈地想要分开，以至于他们几乎会采取法律允许的任何权宜之计。在以前的英国，只有同时犯了虐待罪和通奸罪的男人才被允许离婚，因此下面这种情况经常发生：丈夫和妻子安排好，在仆人面前假装打妻子，以便找到虐待的证据。两个非常希望分开的人是否应该在法律压力下被迫忍受彼此的陪伴，这是另一个问题。但我们必须坦率地承认，无论允许以何种理由离婚，这种理由都会被发挥到极致，许多人会刻意为之，从而符合这些理由。然而，我们现在忽略法律上的困难，继续探讨实际上使婚姻不受欢迎的情况。

我认为，通奸本身不应该成为离婚的理由。除非受到抑制或者强烈的道德约束，否则人们在一生中很难完全不产生通奸的强烈冲动。丈夫和妻子之间可能仍然有热烈的感情，并希望继续维持婚姻。例如，假设一个男人因为工作需要离家数月，如果他精力充沛，他会发现很难在这段时间内保持禁欲，无论他多么爱自己的妻子。他的妻子也是如此，前提是她不完全认同传统道德。在这种情况下，通奸行为可能并不会阻碍以后的幸福，只要丈夫和妻子认为没有必要沉浸于过度的嫉妒之中，它就的确不会成为阻碍。我们还可以进一步地说，只要根本的感情没有动摇，双方都应该容忍这种暂时的幻想，因为这种幻想总是很容易产生的。传统道德扭曲了关于通奸的心理，它假定在一夫一妻制的国家，对一个人的喜欢和对另一个人的严肃情感是不可能共存的。所有人都知道这是不对的，但在嫉妒的影响下，所有人都很容易依赖这种错误的理论，从而小题大做。因此，通奸不是很好的离婚理由，除非一个人对另一个人的故意偏爱超过了对自己的丈夫或妻子，具体视情况而定。

当然，我这么说是基于通奸不会生孩子的假设。如果有私生子，问题就要复杂得多。如果私生子的母亲是某人的妻子，情况将更加复杂，因为在这种情况下，若要继续维持婚姻，丈夫必须把另一个男人的孩子和自己的孩子一起抚养，甚至（为了避免丑闻）把另一个男人的孩子当作自己的孩子。这违背了婚姻的生物学基础，也涉及一种几乎无法忍受的本能压力。因此，在没有避孕用品的时代，通奸也许应该得到重视，但避孕用品已经使人们更有可能区分性交本身与作为生育伙伴关系的婚姻。因此，现在的人们对通奸的重视程度可能大大低于传统道德对通奸的重视程度。

有两种理由可能会使离婚变得可取。一种是基于某一方的缺陷，比如精神错乱、酗酒和犯罪；另一种是基于丈夫和妻子的关系。可能会出现这种情况：夫妻双方都没有做错什么，但他们就是无法和睦地生活在一起，或者必须做出一些重大牺牲才能生活在一起。也可能会出现这种情况：两个人都有重要的工作，这些工作需要他们住在不同的地方。还可能会出现这种情况：他们中的一个人并不讨厌对方，却深深地爱着第三者，以至于觉得婚姻是一种无法忍受的束缚。若无合法的矫正，这些情况必然会滋生仇恨。众所周知，这些情况很可能导致谋杀。如果婚姻的破裂是由于夫妻之间不和谐，或是因为某一方对第三者产生了压倒性的激情，那么就不应该像现在这样把责任归咎于一方。因此，在所有这些情况下，最好的理由是协议离婚。若要提出其他的理由，必须是因为某一方的某种明显的缺陷而导致婚姻破裂。

制定关于离婚的法律是非常困难的，因为无论法律如何规定，法官和陪审团都会受支配于自身的情感，而丈夫和妻子会竭尽全力地规避立法者的意图。在英国的法律中，丈夫和妻子之间的协议不能作为离婚的理由，但所有人都知道，现实中经常有这样的协议。在纽约州甚至更进了一步，经常有人花钱做伪证，证明存在法律意义上的通奸。从理论上讲，虐待是非常充分的离婚理由，但人们对它的诠释可能非常荒谬。有一位非常杰出的电影明星，他的妻子因为被虐待而选择跟他离婚，而虐待的证据之一是他经常带一些谈论康德[1]的朋友到家里。我很难想象加州立法者同意这位妻子与其丈夫离婚的理由：丈夫有时候在妻子面前谈论哲学。在没有非常明确和明显的理由（比如精神错乱）支持单方面的离婚愿望时，摆脱这种混乱、诡计和荒谬的唯一方法是协议

---

[1] 译者注：指伊曼努尔·康德（Immanuel Kant，1724—1804），德国古典唯心主义的创始人，启蒙运动时期一位主要的哲学家。

离婚。另外，夫妻双方必须在法庭之外解决所有的金钱问题，任何一方都没有必要雇某个聪明人来证明另一方是邪恶的怪物。我还要补充的是，对于那些已经认定无法发生性关系的婚姻，只要没有子女，在申请时应该判定为无效婚姻。也就是说，如果没有孩子的丈夫和妻子希望离婚，他们只需要出示一份诊断书，表明妻子现在没有怀孕。孩子是婚姻的目的，让人们坚持一段没有孩子的婚姻是残忍的欺骗。

关于离婚，法律的问题就讨论这么多，接下来是习俗的问题。我们已经看到，法律可能使离婚变得容易，同时，习俗可能使离婚变得极难。我认为，美国的离婚率如此之高，部分是因为人们在婚姻中追求了错误的东西，而又有部分是因为人们无法容忍通奸。婚姻应该是一种双方都希望维持的伙伴关系，至少持续到孩子的青年时期，任何一方都不应该认为婚姻受支配于短暂的秘密恋情。如果公众舆论或当事人的良心无法忍受这种短暂的秘密恋情，那么每一段秘密恋情都必须发展成婚姻。这非常容易彻底摧毁双亲家庭，因为如果一个女人每两年换一任丈夫，并且和每一任丈夫都有一个孩子，那么这些孩子实际上被剥夺了父亲，因此婚姻失去了存在的理由。我们再次回到圣保罗：美国的婚姻被设想为通奸的替代物——就像《哥林多前书》中一样，如果一个男人在无法离婚的情况下就必然会选择通奸，那么应该让他离婚。

当人们把婚姻与孩子联系起来的时候，一种完全不同的伦理就开始起作用了。如果丈夫和妻子爱自己的孩子，就会调整自己的行为，给孩子幸福和健康发育的最佳机会。有时，这可能涉及很大程度的自我压抑。这当然需要双方都意识到，孩子的诉求应该超越他们自身的浪漫情感的诉求。但只要父母之爱是真挚的，虚假的道德没有引发嫉妒，这一切都会自然而然地发生。有人说，如果丈夫和妻子不再深爱对方，也不阻止对方的婚外性行为，他们就不可能在教育孩子方面有充分的合作。因此，沃尔特·李普曼先生说："不是恋人的配偶，不会像伯特兰·罗素先生认为的那样，真正地合作生育孩子（bearing children），他们会心烦意乱，会准备不足，最糟糕的是，他们仅仅是完成任务。"[1] 首先，这句话包含一个可能不经意的微小错误。当然，不是恋人的配偶不会合作生育孩子，但孩子的命运也不是像沃尔特·李普曼先生暗示的那样，在出生后就决定了。至于合作抚养孩子（rearing children），即使在激情消退之后，那些有着自然感情的理性夫妻绝不会认为这是一项超人的任务。我所知道的大量案例可以证明这一点。认为这样的父母"仅仅是完成任务"，实际上是忽视了父母之爱——如果这种情感是真挚而强烈的，那么在肉体激情消退之后很久，夫妻之间仍然能保持牢不可破的联系。我们必须假设李普曼先生完全不了解法国的情况：虽然在通奸问题上有特殊的自由，但法国的家庭很牢固，父母非常尽职。美国人的家庭感情极其淡薄，高离婚率就是这个事实的结果。在家庭感情强烈的地方，离婚虽然在法律上很容易，但相对罕见。在美国

---

[1] 原书注：《道德绪论》（*A Preface to Morals*），1929年，第308页。［译者注：沃尔特·李普曼（Walter Lippmann, 1889—1974），美国作家、记者、政治评论家。］

存在的"简易离婚",我们必须把它视为从双亲家庭到纯母系家庭的一个过渡阶段。然而,这对孩子来说是一个很困难的阶段,因为在现实世界中,孩子们都希望有父母双亲,并且在父母离婚之前,孩子们可能已经对自己的父亲产生依恋。只要双亲家庭仍然是公认的规则,那些离婚的父母在我看来就是没有尽到父母的责任,当然除非有重大的原因。我不认为解决这个问题可以通过法律强迫人们维持婚姻状态。我认为我们需要的是:第一,双方有一定程度的自由,这将使婚姻更加持久;第二,认识到孩子的重要性——受圣保罗和浪漫主义运动的影响,对性的强调让我们忽视了这一点。

结论似乎是:虽然离婚在英国等许多国家太难了,但"简易离婚"并不能真正地解决婚姻问题。如果婚姻能够维持下去,婚姻中的稳定性对于孩子的利益而言非常重要。但要实现这种稳定,最好的办法就是彻底区分婚姻和单纯的性关系,强调婚姻之爱的生理层面,而非浪漫层面。我不认为婚姻可以摆脱繁重的责任。在我所建议的制度中,男人的确摆脱了性忠诚的责任,但作为交换,他们有控制嫉妒的责任。美好的生活离不开自我控制,但控制一种狭隘的和敌对的情感(比如嫉妒),好过控制一种慷慨的和宽容的情感(比如爱)。传统道德的错误,不在于要求自我控制,而在于针对错误的地方提出要求。

第十七章
人 口

婚姻的主要目的是补充地球上的人口。在这方面，有些婚姻制度做得不够，有些则做得太过。正是从这个角度出发，我希望在本章中讨论性道德。

在自然状态下，每只大型哺乳动物都需要相当大的面积来维持自己的生存。因此，任何一种大型哺乳动物的总数都很少。羊和牛的数量很多，但那是因为人的作用。人类的数量相比于其他任何大型哺乳动物的数量是完全不成比例的。当然，这是因为人类的技术。弓箭的发明、反刍动物的驯化、农业的萌芽、工业革命，所有这些都增加了单位面积上能够生存的人数。工业革命正是为了实现这一目标——从统计数据中我们可以知道这一点，其他的经济进步很可能也是如此。相比于任何其他的目标，人类的智慧更多地用于增加人口。

的确，正如卡尔·桑德斯先生所指出的，人口的通常规律是数量几乎保持不变，而19世纪的人口增长是一种罕见的现象。我们可以猜想，当埃及和巴比伦开始利用灌溉和进行精细农作的时候，也发生了类似的事情。但在真实的历史中，这样的事情似乎未曾发生。19世纪以前对人口的所有估计都是推测性的，但所有的估计都是一致的。因此，人口的迅速增长是一种罕见的例外现象。如果说在最文明的国家，人口现在又趋于稳定——这似乎就是现实——那么只能说明这些国家已经摆脱了一种异常状态，回归了人类的惯常做法。

卡尔·桑德斯先生关于人口的著作最大的优点在于，它指出，几乎所有时代和所有地方都实行过自发限制，而且在维持人口稳定方面，要比通过高死亡率来减少人口更为有效。或许他有点夸大其词。例如，在19世纪的印度和中国，阻碍人口快速增长的主要因素似乎是高死亡率。中国缺乏统计数据，但印度是有的。印度的出生率很高，但正如卡尔·桑德斯先生指出的，印度的人口增长比英格兰略慢。这主要是由于婴儿死亡率高、瘟疫和其他严重疾病。我相信，如果有统计数据的话，中国也会显示出类似的状况。然而，除去这些显著的例外，卡尔·桑德斯先生的论点在总体上无疑是正确的。人类采取了各种各样限制人口的方法，其中最简单的是杀婴，在宗教允许的地方，杀婴行为非常普遍。有时这个习惯已经牢不可破，以至于在加入基督教的时候，人们会明确要求不干预杀婴的行为。[1]

---

[1] 原书注：例如，这种情况曾发生在冰岛。卡尔·桑德斯（Carr Saunders），《人口问题》（*Population*），1925年，第19页。

杜霍波尔派[1]以"人的生命是神圣的"为由拒绝服兵役，因而与沙皇俄国政府产生纠纷，随后又因为倾向于杀婴而与加拿大政府产生矛盾。然而，限制人口的其他方法也很常见。在许多种族中，女性不仅在怀孕期间禁欲，而且在长达两三年的哺乳期内也要禁欲。这必然大大限制了她们的生育能力，特别是在蛮野人中间，因为蛮野人比文明人衰老得更快。澳大利亚土著实行了一种极其痛苦的手术，该手术大大降低了男性的性交能力，并在很大程度上限制了生育能力。从《创世记》中我们可以知道[2]，古代人已经了解并实践过至少一种节育方法，但它不被犹太人认可，因为犹太人的宗教一直非常反对马尔萨斯[3]主义。通过这些不同的手段，人们避免了大规模饿死。倘若人们最大限度地利用自己的生育能力，大规模饿死的情况就会发生。

饥饿在减少人口方面起了很大的作用。也许在相当原始的条件下，饥饿的作用并不那么明显，比不上那些不太发达的农业社会。1846年至1847年的爱尔兰饥荒非常严重，人口从那时起再也

---

[1] 译者注：杜霍波尔派是俄罗斯正教会的一个派别。他们以宣扬和平主义、口述历史、唱赞美诗和诗词的传统而闻名。由于政府对其非正统信仰的迫害，许多人在1899至1938年移民到加拿大。

[2] 原书注：《创世记》第三十三章第九至十节。〔译者注：原文是"以扫说，弟弟阿，我的（孩子）已经够了，你的仍归你罢。雅各说，不然，我若在你眼前蒙恩，就求你从我手里收下这礼物，因为我看见你的面，如同看见神的面，并且你悦纳了我"。〕

[3] 译者注：马尔萨斯，指托马斯·罗伯特·马尔萨斯（Thomas Robert Malthus，1766—1834），英国牧师、人口学家和政治经济学家，代表作有《人口原理》，在书中他提出"人口没有生活资料便无法增加""只要有生活资料，人口便会增加""占优势的人口增殖力若不产生贫困和罪恶便不会受到抑制"（引自《人口原理》，朱泱、胡企林、朱和中译，商务印书馆，1996年，第16页）三个命题。

没有达到过以前的水平。苏联经常发生饥荒，所有人都清楚地记得发生于1921年的饥荒。1920年我在中国，当时中国的很大一部分地区正在遭受饥荒，其严重程度不亚于次年的苏联饥荒，但中国的灾民所获得的同情却少于伏尔加河边的灾民。这些事实表明，人口有时的确会达到甚至超过生存的极限。然而，这种情况特别容易发生在食物供应突然急剧减少的环境中。

在信仰基督教的任何地方，基督教禁止了除禁欲之外所有抑制人口增长的方法。基督教禁止杀婴，禁止堕胎，禁止所有的避孕措施。的确，神职人员、修道士和修女都是独身的，但我认为他们在中世纪欧洲的人口中所占的比例，比不上已婚女性在现代英国的人口中所占的比例。因此，从统计学的角度说，他们在抑制生育方面没有起到什么重要作用。相比于古代，中世纪可能有更多的人死于贫困和瘟疫，人口增长非常缓慢。18世纪出现了稍高的增长率，但19世纪发生了很不寻常的变化，增长率达到了前所未有的高度。据估计，1066年，英格兰和威尔士每平方英里有26人；1801年，这个数字上升到153；1901年，这个数字上升到561。因此，19世纪人口的绝对增长几乎是从诺曼征服[1]到19世纪初人口增长的四倍。但英格兰和威尔士的人口增长并不能充分地反映事实，因为在那个时期，英国人现在居住的世界，大部分只有少数蛮野人在居住。

几乎没有理由把人口的增长归因于出生率的提高。它更多地

---

[1] 译者注：诺曼征服（Norman Conquest），指1066年法国的诺曼底公爵对英格兰的入侵及征服事件。

可以归因于死亡率的下降，而死亡率的下降部分是由于医学的进步，但我认为主要是由于工业革命带来的日益繁荣。英格兰从1841年开始记录出生率，此后的出生率几乎保持不变，直到1871至1875年，在这一时期的末尾，出生率达到了最高值35.5‰。这个阶段发生了两件事：第一件是1870年颁布《初等教育法》；第二件是1878年布拉德洛因为宣传新马尔萨斯主义而被起诉[1]。随后人们发现，出生率开始缓慢地下降，然后灾难性地下降。《初等教育法》提供了动力，因为孩子不再是一项有利可图的投资，布拉德洛则提供了方法。在1911至1915年的五年时间，出生率下降至23.6‰。在1929年的第一季度，出生率下降至16.5‰。由于医疗和卫生的改善，英格兰的人口仍在缓慢增长，但正在迅速地接近一个稳定的数字。[2]众所周知，在相当长的一段时间里，法国的人口几乎没有变化。

几乎在整个西欧，出生率都在迅速下降。唯一的例外是葡萄牙等落后国家。这种情况在城市比在农村更明显。它始于富裕阶层，但现在已经渗透到城镇和工业区的各个阶层。穷人的出生率仍然比富人高，但伦敦现在最穷的区，出生率低于十年前最富的区。所有人都知道（尽管有些人不愿意承认），出生率下降的原因是避孕和堕胎。没有什么特别的理由可以解释，出生率的下降

---

[1] 译者注：布拉德洛，指查尔斯·布拉德洛（Charles Bradlaugh, 1833—1891），英国政治活动家。相较于马尔萨斯主义，新马尔萨斯主义的一个特点是支持节育，布拉德洛正是因为提倡节育而被起诉。

[2] 原书注：出生率在1929年的第一季度下降，主要原因是流感。见《泰晤士报》，1929年5月27日。

为什么停止在人口达到一个稳定值的时候。这种情况可能会一直持续下去，直到人口开始减少，最终的结果可能是，我们所知道的最文明的种族几乎灭绝。

在有效地讨论这个问题之前，有必要弄清楚我们想要什么。对于给定的经济技术条件，都存在卡尔·桑德斯所说的"最优人口密度"，即能够获得最高人均收入的人口密度。如果人口低于或高于这一水平，总体的经济福祉就会减少。一般来说，经济技术的每一次进步，都会使"最优人口密度"增大。在游猎时期，每平方英里大约只有一个人；而在发达的工业国家，每平方英里的人口可能远远超过几百人。我们有理由认为战后的英国人口过剩，但这个说法不适用于法国，更不适用于美国。但法国，或者任何西欧国家，不太可能通过增加人口来增加平均财富。既然如此，从经济的角度看，我们没有理由期望人口增加。那些有此种愿望的人，通常是受到了民族主义、军国主义动机的鼓舞，他们并不希望人口一直增长，因为一旦达到了他们的战争目的，这些人口就会被消灭。因此，这些人的实际立场是，用战争中的死亡限制人口比避孕用品更加有效。任何一个经过深思熟虑的人都不能接受这种观点，似乎只有头脑混乱的人才会这么做。抛开有关战争的论据，足以让我们感到高兴的是，节育的知识正在使文明国家的人口趋于稳定。

然而，如果人口真的减少了，那将是另一种情形，因为人口不受控制地减少意味着种族的最终灭绝，而我们不愿意看到世界上最文明的种族消失。因此，要让避孕用品的使用受欢迎，必须设法限制它的滥用，从而使人口维持在当下的水平。我不认为这有什么困难。限制家庭规模的动机主要是经济上的，提高出生率可以通过减少抚养孩子的费用实现，或者如果有必要的话，也可以通过使孩子成为父母收入的来源实现。然而，在当前的民族主义世界，这类措施是非常危险的，因为它将作为一种确保军事优势的方法。可以想象，在"大炮必有炮灰"的口号下，所有主要的军事国家都在军备竞赛之外又增加了一项"人口竞赛"。在这种情况下，若要使文明能够生存下去，就绝对需要一个国际政府。如果要有效地维护世界和平，这样的政府就必须通过法令，限制军事国家人口增长的速度。澳大利亚和日本之间的敌意说明了这个问题的严重性。日本的人口增长得非常快，而澳大利亚的人口（不算移民）增长得很慢。这导致了一种极难应对的敌意，因为争端的双方都可以援引表面上公正的原则。我认为可以假定，在很长一段时间内，整个西欧和美国的出生率将不会带来人口增加，除非各国政府为此目的而采取了明确的措施。但是，当其他国家仅仅通过生育过程就打破了军事力量的平衡，最强大的军事国家不可能坐视不管。因此，任何想要适当开展工作的国际机构都必须考虑人口问题，并坚持在顽固的国家进行节育宣传。否则，世界和平就不可能得到保障。

因此，人口问题是双向的。我们既要防止人口增长过快，也要防止人口减少。前一种危险由来已久，存在于葡萄牙、西班牙、苏联和日本等国家。后一种危险是新发现的，目前只存在于西欧，如果美国的人口只依赖于生育，那么美国也会存在这种现象，但迄今为止，尽管本土的美国人口出生率很低，移民却使美国的人口至少以理想的速度增长。我们祖先的习惯思维不能适应这种新的危险，即人口减少的危险。人们的解决方法是道德说教和反对节育宣传的法律。但统计数据显示，这些方法是完全无用的。如今，避孕用品的使用已经成为所有文明国家普遍做法的一部分，无法完全禁止。在涉及性的问题上回避现实，这种习惯在各国政府和重要人物中根深蒂固，不可能会突然停止。然而，这是一种很不好的习惯。我们可以期望，当现在的年轻人获得那些重要的职位时，他们在这方面会比他们的父辈和祖辈做得更好。我们可以期望，人们会更坦率地承认避孕措施的必然性，以及它们的可取性——只要避孕措施不会导致人口的实际减少。对于一个面临人口实际减少的国家，正确的做法显然是实验性地减轻抚养儿童的经济负担，直到出生率达到足以维持现有人口的水平。

在这方面，改变现有的道德准则或许是有好处的。在英国，女性比男性多出了两百万左右，法律和习俗谴责她们不生孩子，而没有孩子对许多女性来说无疑是极大的损失。如果习俗可以容忍未婚母亲，并且改善她的经济状况，那么毫无疑问，目前许多被迫独身的女性都会有自己的孩子。严格的一夫一妻制建立在一个假设之上：两性的数量大致相等。如果情况并非如此，那些被迫独身的人将处在很残忍的境地。在有理由渴望提高出生率的地方，这种残忍于公于私都是不可取的。

随着知识的增长，通过政府的有意行动，我们越来越有可能控制那些之前看似自然的力量。人口的增长就是其中一种力量。

自从基督教出现之后，这种力量一直是通过本能盲目地运作。但它必须被控制的时刻正在加快到来。这个问题和前面谈论的国家对儿童的控制一样，我们发现，要使国家的干预有益，这必须是一个国际性的国家，而不是如今这种相互竞争的军国主义国家。

第十八章
优生学

　　优生学指的是试图用刻意为之的方法来改善某个人种的生物学性状。它所依据的是达尔文主义的思想，而且很凑巧的是，现在的优生学学会的主席是查尔斯·达尔文的儿子[1]。但优生学思想更直接的源头是弗朗西斯·高尔顿，他极力强调遗传因素在人类成就中的作用。在我们这个时代，尤其是在美国，遗传已经成为一个党派问题。美国保守派主张，成年人的最终性格主要归因于先天特征；相反，美国激进派认为，教育决定一切，遗传完全不起作用。我不同意这两种极端的观点，也不同意它们的共同假设——典型的意大利人和南斯拉夫人比不上土生土长的美国三K党成员。正是这个假设导致他们产生截然相反的偏见。目前还没有资料可以确定人的心智能力中的哪一部分由遗传决定，哪一部

---

[1]　译者注：这里指的是伦纳德·达尔文（Leonard Darwin，1850—1943），英国政治家、经济学家和优生学家。他在1911—1929年担任优生学学会的主席。前文提到的卡尔·桑德斯后来也担任过优生学学会的主席。

分由教育决定。要科学地解决这个问题，我们需要找到几千对同卵双胞胎，在出生时就把他们分开，然后尽可能用不同的方式教育他们。然而，目前这个实验还不可行。我个人的看法是，任何人都可能因不良教育而受损，事实上几乎每个人都会受到影响，但只有具备某些先天条件的人才可以在不同的领域取得卓越的成就——我承认这只是基于印象，并没有科学依据。我不相信哪一种教育可以把一个普通的男孩变成一流的钢琴家；我不相信世界上最好的学校可以把我们都变成爱因斯坦；我不相信拿破仑的天赋不高于他在布列讷堡军校的同学，也不相信他仅仅通过观察他母亲管教一群不守规矩的儿子就学会了军事战略。我确信在这种情况下，以及在所有涉及能力的情况下，天赋异禀的人会比资质平庸的人通过教育得到更好的结果。的确，有一些明显的事实可以证明这个结论。例如，人们通常可以根据脑袋的形状判断一个人是聪明人还是蠢人，但这很难被认为是教育赋予的特征。然后，我们再考虑一下相反的极端，比如白痴、低能和弱智。即便是最狂热的优生学反对者也不会否认，至少在大多数情况下，愚蠢是先天的。而任何对统计对称性敏感的人都会发现，在聪明的那一端，也会有相应比例的人具有超常的智力。因此，我会毫不费力地假设，人类在先天智力方面是不同的。我还要假设，聪明人优于蠢人——这一点或许会更有争议。承认了这两点，就可以确定优生学家的理论基础。因此，无论我们如何看待倡导这些理论的某些人的某些具体细节，都不能蔑视他们的整个立场。

关于优生学，我已经写了很多。优生学的提倡者大多是在坚实的生物学基础上加入了一些不那么牢靠的社会学观点。例如：美德和收入成正比；贫穷的遗传（唉，这太普遍了）是一种生物学现象，而非法律现象。因此，如果我们能诱导富人而非穷人生育，所有人都会变得富有。穷人比富人生更多的孩子，许多人对这个事实大惊小怪。我并不觉得这个事实是非常令人遗憾的，因为没有证据表明富人在所有方面都优于穷人。即便它真的令人遗憾，也不会很严重，因为出生率的滞后只有几年时间。穷人的出生率正在下降，现在的穷人出生率和九年前的富人出生率一样低。[1]的确，有一些因素导致了这种不理想的出生率差异。例如，当政府和警察在获取节育信息方面设置困难时，其结果是智力低于某一水平的人无法获得这些信息，而高于这一水平的人不受当局的影响。因此，所有反对宣传避孕知识的行为，都会导致蠢人比聪明人拥有更大的家庭。然而，这似乎只是一个非常暂时的因素，因为在不久之后，即使是最愚蠢的人也会获得节育的信息，或者愿意接受堕胎——我担心这是当局蒙昧主义的普遍结果。[2]

优生学有两种，一种是积极的，另一种是消极的。前者在于促进优良品种的出生，后者在于抑制劣等品种的出生。目前后者

[1] 原书注：见朱利叶斯·沃尔夫（Julius Wolf），《新的性道德和我们时代的生育问题》（*Die neue Sexualmoral und das Geburtenproblem unserer Tage*），1928年，第165—167页。

[2] 原书注：根据朱利叶斯·沃尔夫的说法（见《新的性道德和我们时代的生育问题》，第6页以后），在导致德国出生率下降的原因中，堕胎比避孕起着更大的作用。他估计，目前德国每年有六十万例人工流产。由于英国的流产没有登记，所以很难估计英国的情况，但有理由认为，英国的现实与德国并没有太大不同。

比较可行。事实上，美国的一些州已经在这方面取得了很大的进展，而英国新近实施的政策中也包括让那些不适合生育的人绝育。自然会有人对这些措施提出反对意见，但我认为这些反对是毫无道理的。众所周知，智力低下的女人往往会有很多私生子，而这些孩子通常对社会毫无价值。如果绝育，这些女人会更加快乐，因为她们的怀孕不是出于爱孩子的冲动。同样的道理也适用于智力低下的男人。的确，这种制度存在严重的危险，因为当局很可能认为，任何不寻常的意见或任何对当局的反对都是智力低下的表现。然而，冒这样的危险可能是值得的，因为很明显，通过这些措施，可以大大减少白痴、低能和弱智的数量。

在我看来，应该将绝育措施非常明确地限制在智力有缺陷的人之中。我不赞成爱达荷州那样的法律，它允许对"智力缺陷者、癫痫病患者、惯犯、道德堕落者和性变态者"进行绝育。后两种人的范畴非常模糊，在不同的社会有不同的定义。爱达荷州的法律支持对苏格拉底、柏拉图、尤利乌斯·恺撒和圣保罗进行绝育。此外，惯犯很可能是某种功能性神经紊乱的受害者，这种神经紊乱至少在理论上可以通过精神分析治愈，而且很可能不会遗传。英国和美国在制定相关的法律时，都忽略了精神分析学家的工作，因此，它们仅仅因为一些相似的症状，就把完全不同类型的神经紊乱混为一谈。也就是说，它们比现在最好的知识落后了大约三十年。这说明了一个事实：在所有这些问题上，除非科学已经得出至少几十年未引起争论的稳定结论，否则制定法律是很危险的，因为错误的观念会体现在法规之中，并受到地方法官的喜爱，从而导致更好的思想很难得到实际应用。在我看来，智力缺陷是目前唯一可以确定的东西，这个领域的立法是相对安全的。智力缺陷能够以当局无法反驳的客观方式加以确定，道德堕落则是见仁见智的问题。在一个人看来是道德堕落的人，在另一个人看来可能是先知。我并不是说法律不应该在未来的某个时候有更广泛的延伸——我只是说，我们目前的科学知识还不足以实现这个目的。如果一个社会将道德谴责伪装成科学，那将是非常危险的，但毫无疑问，这种危险已经在美国的许多州发生了。

接下来要谈的是积极的优生学，它们具有更有趣的可能性，尽管它们属于未来。积极的优生学是试图鼓励优秀的父母生育大量的孩子。现在的普遍情况正好相反。例如，一个在小学异常聪明的男孩会上升到职业阶层，所以他很有可能在三十五岁或四十岁结婚，而那些在小学不那么聪明的男孩会在二十五岁左右结婚。对于职业阶层来说，教育费用是个沉重的负担，使他们必须非常严格地限制家庭规模。他们的平均智力可能高于大多数其他阶层的人，所以这种限制是令人遗憾的。解决这一问题的最简单方法就是让他们的子女获得免费教育，直到大学毕业。总的来说，这意味着奖学金应该根据父母的成绩发放，而不是根据孩子的成绩。这样做有一个附带的好处，那就是可以避免死记硬背和劳累过度，这两个问题导致大多数最聪明的年轻人在不到二十一岁的时候就因为过度紧张而受到智力和身体上的损害。然而，无论是在英国还是在美国，政府都不可能采取真正适当的措施来促使职业阶层生育大量孩子。阻碍在于民主制度。优生学思想所依据的假设是"人与人不平等",而民主所依据的假设是"人人平等"。因此，在民主社会推行优生学思想会面临非常大的政治上的困难，因为优生学思想并非暗示存在少数的劣等人（比如低能），而是承认存在少数的优等人。大多数人乐于接受前者，却对后者感到不快。因此，体现前一事实的措施可以赢得多数人的支持，体现后一事实的措施则不能。

然而，所有考虑过这个问题的人都知道，尽管目前很难确定谁是最优品种，但毋庸置疑的是，存在品种上的差异，并且这种差异有望在不久之后得到科学上的衡量。想象一下，如果告诉一个农民他必须给每一头小公牛平等的机会，他的感受是怎样的。事实上，育种的公牛是根据其雌性先祖的产奶量而精挑细选的。（我们可以顺便指出，由于牛这个物种对科学、艺术和战争一无所知，优秀的价值只体现在雌性身上，而雄性顶多是雌性优点的传递者。）科学繁殖极大地改良了所有的家畜。毫无疑问，人类也可以通过类似的方法，朝着任何想要的方向改进。当然，很难确定我们想要怎样的人类。也许，如果我们增强人的体力，就会削弱他们的智力。也许，如果我们提升人的智力，就会使他们容易生病。也许，如果我们试图创造情感的平衡，就会杀死艺术。在所有这些问题上都不存在必要的知识。因此，现在不应该在积极的优生学方面做得太多。但是，很可能在未来的一百年里，遗传科学和生物化学将取得巨大的进步，有可能培育出一种公认的优于现有种族的新种族。

但是，要应用这类科学知识，需要在家庭方面进行更激进的变革，其程度将超过本书前面谈到的所有变革。如果要进行彻底的科学繁殖，有必要在每一代中分出2%至3%的男性和大约25%的女性，用于繁殖。大概在青春期的时候会有一场检查，所有不及格的候选人都要被绝育。父亲和子女之间的联系，不会超过现在的公牛或种马与其后代的联系，而母亲将作为一种专门的职业，她的生活方式有别于其他的女性。我不是说这种情况一定会发生，更不是说我希望这种情况发生，因为我承认这种情况令我非常反感。然而，如果客观地审视这个问题，我们就会看到，这样的一个计划有可能产生显著的成效。为了方便讨论，我们假设日本采纳了这种计划，并且在三代人之后，大多数日本人都像爱迪生一样聪明，像职业拳击手一样强壮。与此同时，假设世界上的其他国家继续顺其自然，那么他们将无法在战争中对抗日本人。当日本人拥有了这样的能力之后，他们毫无疑问会设法雇用其他国家的士兵，并依靠自身的科技手段赢得胜利——他们非常自信能够取得胜利。在这种制度下，他们很容易向年轻人灌输对国家的盲目忠诚。谁能保证未来不可能有这种发展？

某些类型的政治家和宣传家非常喜欢一种优生学，它可以被称为"种族优生学"。其中包括这样的观点：一个种族或民族（作者本人当然属于此类）优于其他所有的种族或民族，应该利用自身的军事力量，以牺牲劣等人种为代价增加其数量。这方面最显著的例子是美国的"北欧人宣传"，它成功地在移民法中获得了立法认可。[1]种族优生学可以诉诸达尔文的"适者生存"原则，但奇怪的是，它最热诚的拥护者是那些主张禁止达尔文学说的人。与种族优生学有关的政治宣传大多是不受欢迎的，但是，让我们忘掉这一点，根据是非曲直来考察这个问题。

在极端情况下，一个种族优于另一个种族是必然的。如果北美洲、澳洲和新西兰仍然由土著居住，那么这些地方对世界文明的贡献肯定要小得多。没有充分的理由认为黑人平均而言比不上白人，而且黑人在热带地区的工作是不可或缺的，所以黑人的灭绝是非常不可取的（抛开人道问题不谈）。但是，当涉及欧洲的种族歧视时，这种政治偏见必定会需要大量的伪科学来支持。我也找不到任何有效的理由认为黄种人在任何方面都比不上我们白种人。在所有这些例子中，种族优生学仅仅是沙文主义[2]的借口。

朱利叶斯·沃尔夫[3]给出了一份表格，列出了所有有统计数据的主要国家每一千人口中出生人数减去死亡人数的情况。法国最低（1.3），其次是美国（4.0），然后是瑞典（5.8），英属印度（5.9），瑞士（6.2），英国（6.2）。德国是7.8，意大利是10.9，日本是14.6，苏联是19.5，厄瓜多尔以23.1居世界首位。中国没

---

[1] 译者注：北欧人（Nordic），欧洲高加索人种的一个分支。20世纪20年代的美国优生学家麦迪逊·格兰特（Madison Grant）认为，相比于其他人种，北欧人创造的成就更高，犯罪率更低，应该是更受欢迎的人种。这一观点体现在《1924年移民法》（Immigration Act of 1924）中，该法案的内容包括禁止中东、东亚和印度的移民，限制南欧和东欧的移民。对北欧人种的推崇，后来也体现在纳粹德国的活动中。

[2] 译者注：沙文主义（Chauvinism），原指极端的、不合理的、过分的爱国主义或民族主义。现在沙文主义被定义为"认为自己的群体或人民优越于其他群体或人民的非理性信念"。

[3] 原书注：见《新的性道德和我们时代的生育问题》，第143—144页。

有出现在列表中，因为中国的情况不得而知。沃尔夫得出的结论是，东方（苏联、中国和日本）将压倒西方。我不打算把我的信心寄托在厄瓜多尔身上，从而反驳他的论点。相反，我要指出他的另一组数据（前面已经提到过）：伦敦现在的穷人出生率低于几年前的富人出生率。同样的事情也适用于东方，但时间间隔更长：随着东方变得西方化，出生率将不可避免地下降。一个国家必须通过工业化才能在军事上变得强大，而工业主义带来了一种限制家庭规模的心态。因此，我们只能得出这样的结论：西方沙文主义者（他们是前德皇威廉二世的追随者）所害怕的东方统治即使真的发生了也不是什么灾难，而且没有合理的根据说明它有可能发生。然而，战争贩子可能会继续使用这类武器，除非一个国际政府能够为各国分配可允许的人口增长限额。

和之前的两种情况一样，如果科学仍然在进步而国际无政府状态继续维持，我们将面临人类一直面对的危险。科学让我们能够实现自己的目标，但如果我们的目标是邪恶的，结果就是灾难。如果世界仍然充满了恶意与仇恨，那么它越科学化，就会变得越可怕。因此，减少此类激情的毒性是人类进步的必要条件。在很大程度上，是错误的性道德和不良的性教育导致了它们的存在。为了文明的未来，必须有一种新的、更好的性道德。正是由于这个事实，性道德的改革是我们这个时代的重要需求之一。

从私德的角度看，科学的、不迷信的性道德会把优生的考虑放在首位。也就是说，无论目前如何放宽针对性交的限制，负责任的男人和女人如果没有认真地考虑过后代的可能价值，就不会选择生育。由于避孕用品的使用，成为父母不再是性交的必然结果，而是一种自发的选择。由于我们在前几章已经提过的各种经济原因，未来的父亲在教育和抚养孩子方面的重要性似乎会下降。因此，一个女人并没有很充分的理由必须选择她喜欢的恋人或伴侣作为她孩子的父亲。未来的女性极有可能在不牺牲幸福的情况下，基于优生学的考虑选择孩子的父亲，同时根据自己的私人情感选择一般的性伴侣。而男性更容易根据自己的喜好选择孩子的母亲。我认为性行为只有在涉及孩子的时候才与社会有关，许多人和我持有相同的观点，他们一定会从这个前提中得出关于未来道德的双重结论。一方面，没有孩子的爱应该是自由的；另一方面，生儿育女的道德约束应该比现在更谨慎。然而，这些道德考虑将不同于迄今为止被认可的道德考虑。要使特定情况下的生育符合道德，神父宣读某些话语或者登记员起草某份文件不再是必要的，因为没有证据表明这样的行为会影响后代的健康或智力。但必须考虑的是，这对男女本身以及他们传递的遗传信息，是否有可能生出令人满意的孩子。当科学对这个问题的判断更加笃定的时候，从优生学的角度看，社会的道德感可能变得更加严格。具有最佳遗传因子的男人可能会成为被热切追求的父亲，而其他的男人，女人可能接受他们作为恋人，但拒绝他们作为孩子的父亲。迄今为止存在的婚姻制度使得所有这些方案都违背了人性，因为人们认为优生学的实际可行性非常有限。但我们没有理由假定人类的天性会在未来设置类似的障碍，因为避孕用品将生育和无子女的性关系区分开，而未来的父亲很可能不会像过去那样与孩子建立个人关系。如果这个世界的伦理更加符合科学，那么以前的道德家赋予婚姻的严肃性和崇高的社会目的，在未来只会赋予生育了。

这种优生学观点，虽然一开始只是某些另类科学家的个人伦理，但很可能会变得越来越普及，直到最终体现在法律中，并且可能表现为以金钱的形式奖励理想的父母，惩罚不理想的父母。

允许科学干涉私密的个人冲动，这个想法无疑是令人反感的。但相比于多年来宗教施加的干涉，科学的干涉非常微小。科学是这个世界的新兴事物，它不像宗教那样由于传统和早期影响而对大多数人具有权威，但是，科学完全有能力获得同样的权威，也有能力以同样的顺从程度被接受——这种顺从是人们对宗教准则态度的特征。的确，"后代的幸福"这个动机，不足以控制一个正处于激情时刻的普通人，但如果它成为公认的积极道德的一部分，不仅包括赞美和责难，也包括经济上的奖励和惩罚，那么它很快就会被接受，成为任何一个有教养的人都不能忽视的因素。宗教的出现早于人类历史的记录，而科学最多只存在了四个世纪。但是，当科学变得古老而庄严时，它会像曾经的宗教那样控制我们的生活。我预料有一天，所有关心人类精神自由的人都不得不反抗科学的暴政。但如果真的有暴政，科学的暴政总比其他的暴政要好。

第十九章
性与个人幸福感

前面的章节已经讨论过性和性道德对个人幸福与幸福感的影响。在本章中，我打算简要地概括一下这些内容。对于这个话题，我们关心的不仅仅是生命中有性行为的时期，也不仅仅是实际的性关系。性道德会以各种方式影响儿童、青少年甚至老年，这些影响有好有坏，取决于具体情况。

传统道德的作用始于童年时期强加的禁忌。孩子在很小的时候就被教导，不要在成年人面前触摸自己身体的某些部位。他们被教导，不要大声宣扬自己的排泄欲望，在排泄过程中要保持私密。身体的某些部位和行为具有儿童不易理解的特异性，他们会对此产生神秘的感觉和特殊的兴趣。像"婴儿从哪里来"这样的智力问题，孩子必须独自安静地思考，因为成年人要么闪烁其词，要么给出明显虚假的答案。我认识一些还不算老的人，他们在幼年时被大人发现触摸自己身体的某个部位，大人会极其严肃地对他们说："你这么做还不如去死。"我很遗憾地说，在培养日后生活的美德方面，这种做法永远达不到传统道德家的预期。他们经常使用威胁手段。道德家也许很少像过去那样用阉割来威胁一个孩子，但他们认为用精神错乱来威胁一个孩子是很合适的。在纽约州，让孩子知道自己没有面临这种危险是违法的，除非他们自己意识到了。这种教育的结果是，大多数孩子在很小的时候就对与性相关的事物产生了一种深刻的负罪感和恐惧感。这种性与负罪、恐惧之间的关联非常深，以至于它几乎或完全是无意识的。我希望能够调查一下那些自认为已经摆脱了这种童话的人，询问他们在暴风雨时是否像平时一样有强烈的通奸欲望。我相信，90%的人会在内心深处认为，如果他们通奸，他们会被雷击。

轻微的施虐癖和受虐癖都是正常的，而有害形式的施虐癖和受虐癖都与性的罪恶感有关。受虐癖的男性对性有着非常强烈的罪恶感。而施虐癖的男性更加关注女性作为诱惑者的罪恶感。这些影响表明，童年时期过度严厉的道德教育会在以后的生活中留下多么深刻的早期印象。在这个问题上，从事儿童教育的人，特别是照顾幼儿的人，正在变得越来越开明。但遗憾的是，这种开明并未体现在法庭中。

童年和青少年时期的各种恶作剧、顽皮和禁忌行为都是自然的和自发的，只要不是太过分，就不会令人遗憾。但是，大人对违反性禁令的态度完全不同于对违反其他规则的态度，所以孩子觉得这属于一类完全不同的禁忌。如果孩子从食品柜里偷水果，你可能会很生气，可能会训斥孩子，但你不会产生道德上的恐惧，也不会让孩子感觉发生了可怕的事情。另外，如果你是个守旧的人，你发现孩子正在手淫，你的语气就会完全不同于他在其他场合听到的语气。这种语气会引起可鄙的恐惧，而且由于孩子无法戒除你所谴责的行为，这种恐惧会被放大。你的严肃态度给孩子留下了深刻的印象，他深信手淫就像你说的那样邪恶。尽管如此，他还是坚持那么做。这最终导致了一种可能持续终身的病态。在青少年时代之初，他就认为自己是个罪人。他很快学会了偷偷地犯罪，没有人知道他的罪行，这一事实让他稍感宽慰。由于非常不快乐，他试图惩罚那些没有成功地隐藏类似罪行的人，作为对世界的报复。他从小就习惯了欺骗，所以在以后的生活中也很容易欺骗。他成了极度内向的伪君子和迫害者，原因是他的父母曾经错误地试图让他符合他们认为的道德。

不应该让内疚、羞耻和恐惧主宰孩子的生活。孩子应该是幸福的、快乐的、随性的，他们不应该畏惧自己的冲动，也不应该回避对自然事实的探索。他们不应该把本能的生活都隐藏在黑暗之中，也不应该把竭尽全力都无法消灭的无意识冲动埋藏在内心深处。如果他们要成长为正直的男女，在智力上诚实，在社会上无畏，在行动上强健，在思想上宽容，我们必须从一开始就训练他们，最终使这些可能的结果成为现实。人们对教育的设想非常类似于训练跳舞的熊。大家都知道如何训练跳舞的熊。把熊放在炽热的地板上，地板会迫使它们跳舞，因为如果它们站着不动，脚趾就会被灼伤。当它们跳舞的时候，播放一种特定的曲调给它们听。过了一段时间，即使没有热地板，这个曲调也足以使它们跳舞。这种方式也被用在了教育孩子上。当一个孩子意识到自己的性器官时，大人就会责骂他。最后，一旦孩子有了这种意识，就会联想到大人的责骂，并且跟着他们的"曲调"跳舞，从而彻底摧毁了健康的或幸福的性生活的所有可能性。

在下一个阶段，也就是青春期，对待性的传统方式造成了更严重的痛苦。许多男孩完全不了解他们身上发生的事情，在第一次经历梦遗的时候，他们会感到恐惧。他们发现自己充满了冲动，过去的教育使他们相信这些冲动是极其有害的。但这些冲动非常强烈，他们会日夜受到困扰。在比较好的情况下，男孩除了有性冲动，也会有对美和诗歌的纯粹理想主义的冲动，以及对完全与性分离的理想爱情的冲动。由于基督教教义中的摩尼教[1]元素，青春期的理想主义冲动和性冲动在我们中间很容易彻底分离，甚至会彼此交战。关于这一点，我可以引用一位知识分子朋友的自白。他说："我的青春期非常明显地表现出了这种分离——我认为我的青春期非常典型。我每天花几个小时阅读雪莱的作品，伤感地读着：

> 有如飞蛾向往星天，
> 暗夜想拥抱天明。[2]

───────────

[1] 译者注：摩尼教，由3世纪中叶的波斯先知摩尼创立，是一种混合了基督教、佛教等体系的哲学系统。摩尼教在欧洲与基督教的某些思想存在差异，被认定为异端，后来逐渐没落。摩尼教在6—7世纪传入中国。

[2] 译者注：引自雪莱的诗《致》，查良铮译，收入《古今中外爱情诗选》，中国妇女出版社，1987年，第347页。

然后，我会突然抛开这种崇高，试图偷窥正在脱衣服的女仆。后一种冲动让我深感羞愧；前一种冲动当然也有愚蠢的成分，因为它的理想主义是荒谬的性恐惧的反面。"

众所周知，青春期是经常出现神经紊乱的时期，那些在其他时期都很沉着的人，在这时很容易出现完全相反的情况。米德小姐在她的书《萨摩亚人的成年》中断言，那座岛上没有出现过青少年的神经紊乱，她把这个事实归因于普遍存在的性自由。[1]的确，传教活动在某种程度上限制了这种性自由。她询问过一些住在传教士家里的女孩，在青春期的时候，她们只会发生手淫和同性间的性行为，而那些住在其他地方的女孩则会发生异性间的性行为。在这方面，英国最著名的男子学校与萨摩亚人的传教士家庭没有很大的差异，但这种在萨摩亚人看来无害的行为，对英国男校里的学生可能造成灾难性的心理影响，因为他们可能对传统教育心怀敬畏，而萨摩亚人只是把传教士看成一个有着特殊癖好的、必须迎合的白人。

大多数年轻人在刚成年的时候，会在性方面经历一些不必要的麻烦和困难。如果一个年轻人要保持贞操，控制欲望的困难可能会导致他变得胆怯和拘谨，以至于当他最终结婚的时候，他无法打破往日的自我控制，除非他采取一种残酷和急躁的方法，这种方法会使他不能与妻子成为恋人。如果他和妓女交往，始于青春期的肉体爱情和理想主义爱情之间的分离就会持续下去，结果

---

[1] 原书注：第157页。

是，他和女人的关系要么是柏拉图式的，要么是他认为堕落的。而且，他有患性病的巨大风险。假设他只与同阶层的女孩发生关系，造成的伤害会小得多，但即便如此，保密的需求也是有害的，会妨碍稳定关系的发展。一方面是由于虚荣，另一方面是由于他们认为结婚应该马上生孩子，所以男人很难在年轻时结婚。此外，在离婚非常困难的地方，早婚有很大的危险，因为在二十岁时彼此合适的两个人很可能在三十岁时就不合适了。只有在经历了各种变化之后，许多人才会与一个伴侣保持稳定的关系。如果我们的性观念是理智的，那么我们应该支持大学生尝试暂时结婚，但不生孩子。通过这种方法，他们就可以摆脱对性的沉迷，因为这种沉迷极大地干扰了工作。他们将获得与异性相处的经验，对于有孩子的婚姻这种严肃的伴侣关系，这类经验是最好的前奏。于是，他们可以自由地体验爱情，而不必加入诡计、隐瞒和对疾病的恐惧，目前这些方面正在阻挠年轻人的冒险。

对于大多数永远不能结婚的女性，传统道德是痛苦的，在大多数情况下甚至是有害的。和所有人一样，我也认为那些严格遵循传统道德的未婚女子，无论从哪个角度看都值得我们给予最高的赞赏。但我认为通常不是这样的。一个没有性经验的、非常看重贞操的女人，会有一种混含着恐惧的消极反应，因此通常会变得胆怯，同时本能的、无意识的嫉妒会让她反感正常人，并且想要惩罚那些享受过她所放弃的东西的人。长时间保持童真，经常会伴随着智力上的胆怯。对于那些终身未婚并且保持童真的女性，没有理由让他们承受由此带来的苦闷和空虚。现在这种情况很频繁地发生，但早期的婚姻制度没有考虑过这一点，因为那时男女的数量大致相等。现在的许多国家女性数量过多，这毫无疑问提供了一个非常严肃的修正传统道德准则的理由。

婚姻是一种在传统上可以容忍的宣泄性的方式，但它本身也受到了刻板道德准则的影响。童年时期形成的情结、男人与妓女交往的经历，以及为了保持年轻女子的贞操而灌输给她们对性的厌恶，都妨碍了婚姻的幸福。一个教养良好的女孩，如果她有强烈的性冲动，那么当一个男人追求她的时候，她将无法区分情投意合与纯粹的性吸引。她很可能会嫁给第一个激发她性欲的男人，而当她的性欲得到满足时，她很可能会发现自己与那个男人已经没有任何共同点，但这时已经太晚了。两人以前接受的所有教育，最终都导致女人在性方面过于胆怯，男人在性方面过于急躁。双方都缺乏必要的性知识，而且由于这种无知，最初的失败往往会使夫妻双方都对性感到不满足。此外，也很难出现心理上和生理上的情谊。女人不习惯在性的问题上畅所欲言，男人也是如此，除非他面对的是其他男人或妓女。对于共同生活中最亲密、最重要的问题，他们害羞、尴尬甚至完全沉默。妻子也许会辗转反侧地睡不着，几乎不知道自己想要什么。丈夫也许会认为，在性这件事情上妓女比他的妻子更加慷慨——这种想法一开始也许只是转瞬即逝，但逐渐变得越来越肯定。丈夫也许会感到愤怒，因为妻子对他很冷淡；妻子也许会感到痛苦，因为丈夫不知道如何激发她的性欲。这种悲惨完全是因为我们沉默和体面的原则。

在所有这些方面，从童年、青少年、青年直至结婚，旧道德一直在毒害爱情，使它充满忧郁、恐惧、相互误解、悔恨和神经紧张，把性爱的肉体冲动和理想爱情的精神冲动一分为二，一边是兽性的，另一边是贫瘠的。生命不应该这样度过。肉欲的本性和精神的本性不应该发生冲突。这两者之间没有什么不相容的地方，只有彼此结合才能实现圆满的结果。最好的男女之爱是自由和无畏的，是身体与心灵的同等参与。爱情应该像一棵树，根系深深地扎进泥土，枝条自由地伸向天空。但是，如果爱情周围充满了禁忌的威压和迷信的恐惧，充满了谴责的言辞和恐怖的沉默，它就无法茁壮生长。男女之爱和父母之爱是我们情感生活中的两个核心事实。传统道德贬低了一种爱，同时假装提升了另一种爱，但事实上，由于父母对彼此的爱被贬低，父母对孩子的爱也受到了损害。那些生活快乐的、相互实现的父母，给予孩子的爱会更健康、更强烈、更符合自然方式，也会更简单、更直接、更遵循动物本性，但同时更无私、更富有成效。相比之下，那些饥肠辘辘的、欲求不满的父母，那些渴望从无助的孩子身上获得无法从婚姻中得到营养元素的父母，无法给予这样的爱，他们最终扭曲了孩子的心灵，并为下一代埋下了同样问题的种子。害怕爱就是害怕生活，而害怕生活的人与行尸走肉无异。

第二十章
性在人类价值中的位置

　　讨论性主题的作家经常被指责过度沉迷于这一话题，这种指责来自那些认为不应该提及这些主题的人。人们认为，作家通常不会冒险承受那些假正经的好色者的谴责，除非他对这个话题的兴趣超过了它应有的重要性。然而，只有那些提倡改变传统道德的人才会接受这种观点。有些人鼓励折磨妓女；有些人名义上反对"白奴贸易"，但实际上反对自愿的和自发的婚外情；有些人痛斥穿短裙、涂口红的女性；有些人在沙滩上四处窥视，希望发现身着不得体泳衣的女性。他们都不应该是性沉迷的受害者。但事实上，相比于那些提倡更多性自由的作家，他们在这方面可能遭受更多的痛苦。激烈的道德通常是对好色情绪的一种反应，表达这种情绪的人通常充满了下流的思想——这些思想之所以下流，不仅是因为它们包含了性的内容，也是因为思考这些问题的人由于道德而无法纯洁、健康地思考。教会认为对性话题的沉迷是一件坏事，我完全同意这个观点，但我不同意教会所说的避免这件坏事的最佳方法。众所周知，圣安东尼比历史上最极端的纵欲者更加沉迷于性。我不想引用最近的例子，以免冒犯别人。性是一种自然的需求，就像食物和水一样。我们批判老饕和酒鬼，是因为这种兴趣在大多数人的生活中只占有一定的合理位置，而对他们来说却占据了过多的思想和情感。但是，如果一个人正常而健康地享受合理数量的食物，我们就不能批判他。的确，苦行者做到了，他们认为一个人应该把自己的营养减少到能够生存的最低限度，但这种观点现在并不普遍，而且可能被忽视。清教徒决心要规避性的快乐，他们比以前的人们更加关注食物的快乐。正如17世纪的一位清教主义批评家说：

> 你要享受快乐的夜晚和美味的晚餐吗？
> 那就必须和圣人同食，与罪人同眠。

因此我们可以看到，清教徒似乎并没有成功地征服人性中纯粹肉欲的部分，因为他们从性爱中拿走了一部分，并把这部分加给了暴食。暴食是天主教认为的"七宗罪"之一，但丁把暴食者放在地狱的更深层[1]，这是一种模糊的罪，因为很难划出界限，区分对食物的合理兴趣以及暴食的罪行。吃没有营养的东西就是邪恶的吗？如果是这样，我们吃的每一颗椒盐杏仁都会让我们面临被诅咒的危险。然而，这样的观点已经过时了。当我们看到了一

---

[1] 天主教的七宗罪分别是：傲慢、嫉妒、愤怒、怠惰、贪婪、暴食、色欲。在但丁的《神曲》中，地狱共有九层，纵欲在第二层，暴食在第三层。

个暴食的人，我们就知道他是一个暴食者，他有可能受到轻视，但不会受到严厉的谴责。尽管如此，那些从未遭遇过饥馑的人，很少表现出对食物的过度沉迷。大多数人在吃完饭之后就会去想其他的事情，直到该吃下一顿饭。另外，那些奉行禁欲主义哲学的人，只吃最低限度的食物，他们沉迷于宴会的幻想，梦见恶魔手持甜美的水果。而被困在南极的探险者，只能以鲸脂为食，他们每天都在计划回家之后要吃卡尔顿的晚餐。

这些事实表明，要使人们不沉迷于性，道德家对性的态度应该像现代人对食物的态度，而不是像沙漠中的隐士对食物的态度。性是人类的自然需求，就像食物和水一样。的确，人类的生存可以没有性，却不能没有食物和水，但从心理学的角度看，对性的欲望非常类似于对食物和水的欲望。欲望因节制而极大增强，因满足而暂时缓和。当欲望变得急迫的时候，世界上的其他事物都被排除在精神领域之外。其他的所有兴趣都会暂时消失，人们会做出一些在事后看来非常疯狂的行为。而且，就像食物和水的例子，禁令极大地刺激了这种欲望。我知道有些孩子不吃早餐里的成熟苹果，反而直接跑到果园偷不成熟的苹果吃。我认为不可否认的是，美国的富裕阶层对酒的欲望比二十年前强烈得多。同样，基督教的教义和权威也极大地激发了人们对性的兴趣。因此，最早质疑传统教义的一代人必然会沉迷于性自由，其程度之深，是那些在性观念上未受迷信教育影响（这种影响可能是积极的，也可能是消极的）的人所无法预料的。只有自由才能防止对性的过度沉迷，但自由必须成为习惯，并且结合明智的性教育，否则就无法实现这种效果。然而，我要竭尽所能地再次强调，我认为过分地关注这个话题是有害的，这种有害的事情在当今社会非常普遍，特别是在美国，我发现它更加显著地发生在美国的更严厉的道德家中，这些道德家特别容易轻信针对他们对手的谎言。暴食者、纵欲者和苦行者都只关注自我，他们的欲望限制了他们的视野，要么满足欲望，要么放弃欲望。一个身心健康的人不会像这样只关注自身。他会放眼世界，并在其中发现他认为值得关注的事物。有些人认为专注于自我是顽固不化之人的自然状态，这是错误的。它是一种疾病，几乎总是源自对自然冲动的抑制。沉迷于性满足的纵欲者，通常是因为某种欲求不满，就像囤积食物的人通常经历过饥荒或贫困。抑制自然冲动无法造就胸怀开阔的男女，只有通过均衡平等地发展幸福生活所需的一切冲动才能实现该目标。

我并不是说在性方面不应该有道德或自我约束，在食物方面也是如此。关于食物的约束有三种：法律的约束、礼仪的约束、健康的约束。偷窃食物、多吃多占、危害健康地饮食，这些行为在我们看来都是错误的。在性方面，类似的约束是至关重要的，但更加复杂，需要更多的自我控制。此外，一个人不应该占有另一个人的财产，偷窃的等价物不是通奸，而是强奸——强奸显然必须被法律禁止。涉及健康的问题几乎完全与性病有关，我们已经在关于卖淫的章节中讨论过这个问题。显然，除了药物之外，对付这种罪恶的最佳方法是减少职业卖淫，而减少职业卖淫的最佳方法是给予近年来成长起来的年轻人更多的自由。

一种全面的性道德，不能仅仅把性看成一种自然的渴望和一种可能的危险来源。这两种视角都很重要，但更重要的是要记住，性与人类生活中一些最伟大的东西有关。最重要的事情有三件：抒情的爱、婚姻中的幸福、艺术。关于抒情的爱和婚姻，我们已经讲过了。有些人认为艺术是独立于性的，但拥护这种观点的人没有以前那么多。很明显，每一种审美创作的冲动都在心理上与求爱有关，这种关联可能不是直接的或明显的，但仍然很深刻。从性冲动到艺术表现，有很多必要的条件。必须有艺术能力。但即使在同一个种族内，艺术能力也可能在一个时期很普遍，在另一个时期很少见，由此我们可以有把握地得出结论：在艺术冲动的发展中起着重要作用的，是环境而不是天赋。必须有一种自由，不是奖励艺术家的那种自由，而是不强迫或引诱艺术家养成市侩习惯的那种自由。当教宗儒略二世拘禁米开朗琪罗的时候，[1]他并没有以任何方式干涉这位艺术家所需的自由。他之所以拘禁米开朗琪罗，是因为他认为米开朗琪罗是个重要人物，他不允许教宗之下的人对米开朗琪罗有丝毫冒犯。但是，如果一名艺术家被迫向富有的赞助人或市议员低头，并且在自己的作品中适应他们的审美标准，他就丧失了艺术自由。如果他害怕社会的和经济的迫害，从而被迫维持一段已经无法忍受的婚姻，他就被

---

[1]　译者注：教宗儒略二世（Julius Ⅱ，1443—1513），1503年当选罗马教宗。米开朗琪罗（Michelangelo，1475—1564），意大利文艺复兴时期的诗人、雕塑家、建筑师、画家。1505年，米开朗琪罗受教宗儒略二世之邀，前往罗马为儒略二世设计陵墓，其间儒略二世不断地给他安排新的任务，导致他无法回到自己的故乡佛罗伦萨。

剥夺了艺术创作所需的精力。传统上有道德的社会并没有产生伟大的艺术。那些产生了伟大艺术的社会，是由被绝育的人构成，比如爱达荷州。目前，美国的大多数艺术天才都来自仍然有自由的欧洲，但欧洲的美国化已经使他们不得不求助于黑人。似乎艺术的最终归宿，不是在西藏的高地，就是在刚果河上游的某个地方。但艺术的最终消亡拖延不了多久，因为美国准备慷慨地给予外国艺术家奖励，这必然导致他们在艺术上死亡。过去，艺术有大众基础，这依赖于生活的乐趣。反过来，生活的乐趣依赖于对性的某种自发性。在性被压抑的地方，剩下的只有工作，但"为工作而工作"的信条永远不会产生值得做的工作。请不要告诉我，有人统计了在美国每天（或者应该说每晚？）发生的性行为次数，并发现这个数字不低于其他任何国家。我不知道情况是不是这样的，我也不打算否认。传统道德家最危险的谬误之一，就是将性简化成性行为，以便更好地抨击它。任何一个文明人，以及我听说过的任何一个蛮野人，都不会因为赤裸裸的性行为而得到本能上的满足。若要满足最终导致性行为的冲动，就必须有求爱，必须有爱情，必须有情谊。

如果没有这些，即便暂时满足了生理上的渴望，也无法缓解精神上的渴望，得不到深刻的满足。艺术家需要的性自由是爱的自由，而不是通过某个不相识的女人满足肉体需求的粗鄙自由。最重要的是，传统道德家不承认爱的自由。在世界被美国化之后，如果艺术想要复兴，美国就必须做出改变，它的道德家应该少一点道德，邪恶者应该少一点邪恶，总而言之，两者都应该认识到，性包含了更高层次的价值，快乐可能比银行存款更重要。在美国，最让旅行者痛苦的莫过于缺少快乐。快乐是狂乱而放纵的，是短暂的遗忘，而不是愉悦的自我表达。有些人的祖辈曾经在巴尔干或波兰的村庄里随着笛声跳舞，而他们自己整天坐在办公桌前，坐在打字机和电话中间，神情严肃，自命不凡，毫无价值。他们的逃避方式是在夜晚喝酒，听一种全新的噪声，他们自以为找到了幸福，却只找到了一种疯狂的、不彻底的遗忘，忘掉那些钱可以生钱的绝望循环。为此目的，他们借用了人类的躯体，而灵魂早已被出卖为奴隶。

我并非暗示，也绝不相信人类生活中最美好的一切都与性有关。我不认为科学（无论是实用科学还是理论科学）都与性有关，也不认为某些重要的社会活动和政治活动都与性有关。对于成年人生活的复杂欲望，导致它的冲动可以归纳为几个简单的类别。在我看来，除了必要的自我保护之外，权力、性和为人父母似乎是人类所做的大部分事情的根源。在这三者中，权力是起点，也是终点。孩子拥有的权力非常小，所以他被拥有更多权力的欲望所支配。事实上，他的大部分活动都源自这种欲望。他的另一个主要的欲望是虚荣——希望被表扬，害怕被批评或忽视。虚荣使他成为社会生物，赋予他社会生活所必需的美德。虚荣是一种与性紧密交织的动机，尽管在理论上两者是可以分离的。但根据我的了解，权力和性几乎没有什么关联。权力欲促使孩子努力学习，锻炼肌肉——这一点虚荣也能做到。我认为，好奇心和求知欲都应该被视为权力欲的一个分支。如果知识就是权力，那么求知欲就是权力欲。因此，除了生物学和生理学的某些分支，科学必须被排除在性情感的领域之外。由于弗里德里希二世已经不在人世，这种观点或多或少只是一种假设。倘若他还活着，为了判断真伪，他肯定会阉割一位杰出的数学家和一位杰出的作曲家，然后观察对他们各自工作的影响。我认为前者受到的影响为零，而后者受到的影响很大。既然求知欲是人性中最有价值的因素之一，那么人类有一类非常重要的活动就摆脱了性的束缚——如果我们没错的话。

从最广泛的意义上理解，权力也是大多数政治活动的动机。我并不是说伟大的政治家会完全漠视公共福利。相反，我认为他的内心充满了为人父母般的情感。但是，除非他有强烈的权力欲，否则他无法付出足够的努力，以便在政治事业中取得成功。我认识许多从事公共事务的高尚之人，如果他没有强大的个人抱负，就很难有精力完成自己的目标。在某个重要场合，亚伯拉罕·林肯向两位顽固的参议员发表了演讲，开头和结尾都是这样一句话："我是美国总统，我拥有巨大的权力。"毫无疑问，在声称这个事实的时候，他获得了一些乐趣。在所有的政治活动中——无论是善的政治还是恶的政治——两个主要的力量分别是经济动机和权力欲。在我看来，试图用弗洛伊德的观点解释政治是错误的。

如果前面所说的都是对的，那么除了艺术家之外，大多数伟大的人物完成重要活动的动机都与性无关。如果这些活动要持续下去，并且以平凡的形式变得普遍，那么就有必要不让性掩盖一个人情感和激情的其余部分。认识世界的欲望和改造世界的欲望是进步的两大动力，没有这两种动力，人类社会就会停滞不前，甚至会倒退。也许，过于全面的幸福会打消求知和改革的冲动。当科布登希望招募约翰·布莱特参与自由贸易运动时，[1]科布登依据的是布莱特因为妻子最近去世而经历的悲伤。如果没有这种悲伤，布莱特或许就不会那么同情别人的悲伤。许多人由于对现实世界的绝望而被迫从事抽象的追求。对一个精力充沛的人来说，痛苦可能是一种宝贵的刺激。我承认，如果我们都非常幸福，就不必努力使自己更幸福。但我不承认这种说法：人类有责任为其他人提供痛苦，因为痛苦有极小的可能性会带来成效。在99%的情况下，痛苦只会造成破坏性的结果；至于剩下的1%，最好还是交给"血肉之躯所不能避免的打击"[2]。只要有死亡，就会有悲伤；只要有悲伤，人类就不应该增加悲伤，尽管有一些罕见的灵魂知道如何转化悲伤。

---

[1] 译者注：科布登，指理查德·科布登（Richard Cobden，1804—1865），英国政治家，英国自由贸易政策的主要推动者。约翰·布莱特（John Bright，1811—1889），英国政治家，英国自由贸易政策的倡导者。科布登等人成功地促使国会在1846年废除《谷物法》，这标志着英国自由贸易政策的开始，即从保护关税转向自由贸易。

[2] 译者注：原文为"The thousand natural shocks that flesh is heir to"，出自莎士比亚的戏剧《哈姆雷特》。译文参考了朱生豪的译文。

第二十一章
结　论

通过前面的讨论，我们得出了一些结论，有些是关于历史的，有些是关于伦理的。从历史的角度看，我们发现存在于文明社会中的性道德有两种不同的来源：一方面是对父系确定性的渴望；另一方面是禁欲主义的信仰，即认为生育之外的性都是邪恶的。在前基督教时代，以及在远东地区的各个时代，道德都只有前一种来源，但印度和波斯除外，禁欲主义可能是从这两个地方传播出去的。当然，那些落后的种族不存在确定父系的欲望，因为他们根本不知道男性在世代繁衍中的作用。在这些种族，尽管男性的嫉妒对女性的自由施加了一定的限制，但女性总体上比早期的父权制社会更加自由。很明显，过渡期必然有很大的冲突，那些在意自己是否为孩子亲生父亲的男人，认为对女性自由的限制是绝对必要的。

在这一时期，性道德只存在于女性身上。男人唯一的禁忌也许是不能与已婚的女性通奸。

基督教带来了避免犯罪的新动机。在理论上，道德标准对男人和女人是一样的，但实践中，很难把道德标准强加给男人，因为相比于女人的缺点，男人的缺点得到了更多的宽容。早期的性道德有一个明显的生物学目的，那就是确保幼儿得到父母双方的保护，而不只有其中一方。基督教在理论上忽视了这个目的，但在实践中没有。

在现代，有迹象表明，基督教的性道德和前基督教的性道德都在经历修改。基督教性道德的影响力已经大不如前，这是由于宗教正统的衰落，以及信徒不再有那么强的信仰。在20世纪出生的男女，虽然他们的潜意识倾向于保留旧的态度，但在大多数情况下，他们并不会有意识地相信通奸本身就是罪。至于性道德的前基督教元素已经被一个因素改变，并且正在被另一个因素改变。前一个因素是指避孕用品，它成功避孕的可能性越来越高，因此未婚女性完全可以避免怀孕，已婚女性可以确保只怀上丈夫的孩子，她们都没有必要保持贞洁。这个过程尚未完备，因为避孕用品还不是绝对可靠的，但我认为，人们可以假设它们在不久之后变得绝对可靠。在这种情况下，不需要严格禁止女性的婚外性关系，就有可能确定父系。也许有人会说，女性有可能在这件事情上欺骗丈夫，但毕竟从古至今这种事一直都可能发生，相比于"是否应该和深爱的男性发生性关系"，"谁将成为孩子的父亲"这个问题更有可能得到真实的回答。因此人们可以假设，虽然偶尔存在对父系的欺骗，但和过去在通奸问题上的欺骗相比，前者则要少得多。丈夫的嫉妒未必不可能依据新的惯例适应新的情况，只有当妻子提议选择另一个男人做孩子的父亲时，他们的嫉妒才会升腾起来。对于太监的自由，欧洲的大多数丈夫会感到憎恶，东方的男性却一直很宽容。他们之所以宽容，是因为这些行为不会引起对父系的怀疑。同样的宽容或许很容易扩展到使用避孕用品的自由。

因此，未来会继续存在双亲家庭，而不必像过去那样严格地要求女性禁欲。但是，对于性道德正在发生的变化，后一个因素可能会产生更深远的影响，那就是国家会越来越多地参与儿童的抚养和教育。到目前为止，这个因素主要影响的是工薪阶层，但他们毕竟是人口中的大多数，国家替代父亲的现象逐渐发生在他们所涉及的领域，最终很可能会扩大到全部人口。无论是在动物家庭还是在人类家庭，父亲的作用一直是提供保护和抚养，但在文明社会中，警察提供保护，国家可能提供全部的抚养——至少对于穷人来说是这样的。既然如此，父亲就不再具有任何明显的作用。关于母亲有两种可能性：她可以继续从事日常工作，并把孩子交给机构照顾；或者她可以在孩子年幼时照顾他们，并按照法律规定由国家支付报酬。后一种方法可以在一段时间内维持传统道德，因为不道德的女人可能得不到报酬。但是，如果得不到报酬，她就无法抚养孩子，除非她外出工作，因此有必要把孩子送到一些机构。对于不那么富裕的父亲和大多数母亲，经济力量很可能消除他们在照顾孩子方面的作用。如果是这样，传统道德的所有传统理由都会消失，新的道德必须寻找新的理由。

如果家庭制度真的崩溃了，我认为不是一件值得高兴的事。

父母之爱对孩子很重要，而大规模存在的机构肯定会非常官方和严厉。如果消除了不同家庭环境的差异性影响，就会出现一种可怕的一致性。除非事先建立一个国际性的政府，否则不同国家的儿童将被灌输一种恶毒的爱国主义，这种爱国主义几乎肯定会使他们在长大以后互相残杀。在人口问题上也有必要建立一个国际性的政府，否则民族主义者就会有动机鼓励人口超预期增长，而随着医疗和卫生的进步，解决人口过多问题的唯一方法就是战争。

社会学问题往往是困难的和复杂的，个人问题在我看来却十分简单。"性是罪恶的"这条教义对个性造成了难以估量的伤害——这种伤害始于幼年，并持续一生。传统道德把涉及性的爱囚禁在牢笼里，同时也极大地囚禁了其他形式的友好情感，使男人变得更小气、更刻薄、更武断、更残忍。无论最终接受何种性道德，都必须摆脱迷信，必须有显而易见的有力依据。性不能脱离道德，就像商业、体育、科学研究等人类活动的其他任何分支都不能脱离道德一样。但我们可以省掉完全基于古代禁令的道德，因为这些禁令的制定者是生活在完全不同的时代、没有接受过教育的人。就像在经济和政治方面一样，性方面的道德仍然被恐惧所支配，现代的科学发现已经证明这些恐惧是荒谬的，但由于心理上的不适应，科学发现带来的好处完全丧失了。

所有的过渡都有其自身的困难，从旧制度到新制度的过渡也是如此。那些提倡革新道德的人，总是像苏格拉底一样被指责"腐蚀青年人"。这些指责并非空穴来风，但是相比于他们试图修正的旧道德，如果完全接受他们宣扬的新道德，事实上会带来更好的生活。任何人如果了解信仰伊斯兰教的东方，都会得出如下断言：那些认为没必要每天祈祷五次的人，也不会尊重我们更加看重的其他道德规范。提议改变性道德的人特别容易遭受这样的误解，我自己也意识到我所说的话可能会被一些读者误解。

新道德区别于清教主义传统道德的一般原则是：我们相信应该培养本能，而不是扼杀本能。笼统地说，这种观点得到了现代男女的广泛接受，但只有接受它的全部含义并且从幼年时期开始应用，它才是完全有效的。如果在童年时扼杀本能而不是培养本能，可能导致的结果是，在以后的生活中，本能注定在某种程度上被扼杀，因为受早年被扼杀的影响，它将以非常不受欢迎的形式出现。我所提倡的道德并不是简单地对成年人或青少年说"遵从内心，随心所欲"。生活中必须有连贯性；必须不断地努力，以实现那些既没有眼前利益也没有持续吸引力的目标；必须为他人着想；应该有某些公正的标准。然而，我们不应该以自我控制为目的，我应该希望，我们的制度和我们的道德传统能使自我控制的需求降到最低，而不是达到最高。使用自我控制就像是在火车上使用刹车。如果你发现方向是错的，它就有益；但如果方向是对的，它就有害。没有人会坚持认为在火车行驶的时候必须一直踩刹车，但习惯于费力的自我控制同样损耗了精力，这些精力原本可以用于有益的活动。自我控制使大部分精力浪费在内部摩擦而非外部活动中，因此，这总是令人遗憾的，尽管有时是必要的。

在生活中，自我控制的必要程度取决于早年如何对待本能。

存在于儿童身上的本能，可能带来有益的活动，也可能导致有害的活动，就像火车头里的蒸汽可能把它带向目的地，也可能让它驶入侧线从而在事故中撞毁。教育的功能是，引导本能通往有益的活动，而不是有害的活动。如果一个男人或一个女人在幼年时期就充分地完成了这项任务，那么一般来说，他（她）能够过上有益的生活，而不需要严格的自我控制——除非是在罕见的危机时刻。另外，如果早期教育的内容只是扼杀本能，那么在以后的生活中，本能所促使的行动在一定程度上是有害的，必须通过自我控制不断地加以抑制。

这些笼统的考虑对性冲动有着特殊的影响力，不仅因为性冲动具有强大的力量，也因为传统道德将其视为特殊的关切。大多数传统的道德家似乎认为，如果我们的性冲动不被严格地控制，就会变得琐碎、混乱和粗俗。我相信，这种观点来自对这么一些人的观察：他们从小就形成了通常的禁忌，后来又试图忽视这些禁忌。在这些人身上，早期的禁令即使没有被成功地禁止，也仍然能够起作用。也就是说，所谓的"良心"不合理地、多少有些无意识地接受了年轻时学习的准则，使人们感觉传统禁止的一切都是不道德的，尽管理智的信念与之相反，但这种感觉可能会持续下去。因此，它产生了一种自我分裂的人格——在这种人格中，本能和理性不再齐头并进；相反，本能变得琐碎，而理性变得无力。在现代世界中，人们发现了对传统教育的不同程度的反叛。最常见的反叛者是这样的人：他在理智上认可年轻时接受的道德在伦理上是正确的，却多少带有一些虚幻的遗憾，承认自己不够勇敢，无法实践这种道德。对于这样的人没什么好说的。他要么改变自己的实践，要么改变自己的信仰，从而使两者能够和谐相处。其次常见的是这样的人：他的意识理性地拒绝了在托儿所里学到的很多东西，但他的无意识却完全接受这些东西。在任何强烈情绪的压力下，尤其是在恐惧的压力下，这样的人会突然改变自己的行为方式。一次重病或一场地震都可能会使他后悔，从而放弃自己的理智信念——这是婴儿时期的信仰爆发的结果。即使在平时，他的行为也会受到抑制，而且这种抑制可能会采取一种不受欢迎的形式。它们不会阻止他采取传统道德所谴责的行为方式，但会阻止他全心全意地这样做，从而消除他行为中的一些元素，这些元素原本会使行为具有价值。用新的道德准则替代旧的道德准则永远不会完全令人满意，除非新的道德准则被完整的人格接受，而不仅仅是被表层的意识思维接受。对大多数人来说，如果从小一直接触旧道德，他们就很难接受新道德。因此，要公正地评判一种新道德，必须先在早期教育中应用它。

性道德必须产生于某种普遍的原则，尽管人们对结果存在广泛的分歧，但可能对这些原则有相当广泛的共识。第一个原则是要保证男女之间应该有尽可能多的深沉而严肃的爱，这种爱拥抱并融合了双方的完整人格，使每一方都得以丰富和提升。第二个原则是，应该充分地照顾儿童的身体和心理。这两个原则本身都不令人震惊，但正是基于这两个原则带来的后果，我才提倡修改传统的道德准则。在目前情况下，如果早年没有那么多禁忌，大多数男人和女人不可能像现在这样全心全意地、慷慨地为婚姻付出爱。他们要么缺乏必要的经验，要么通过偷偷摸摸的和不受欢迎的方式获得经验。此外，由于嫉妒得到了道德家的许可，他们觉得彼此束缚是合理的。丈夫和妻子非常相爱，双方都不试图出轨，这当然是一件很好的事情，然而，如果真的有人出轨，也不应该把它当成一件可怕的事。杜绝与其他异性的所有友谊，这也是不可取的。良好的生活不可能建立在恐惧、禁令和相互干涉自由之上。如果不需要这三者就可以实现忠诚，那当然是好的，但如果需要这三者才能实现忠诚，那付出的代价就太大了。对于偶尔出现的错误，少量的相互宽容会更好。毫无疑问，即使有身体上的忠诚，相互的嫉妒通常也会给婚姻带来更多的不幸，但如果他们对深厚而持久的感情有更多的信心，就不会有那么多不幸。

在我看来，许多自认为有道德的人轻视了父母对子女的义务。对于目前的双亲家庭制度，一旦有了孩子，夫妻双方就有责任竭尽全力维持和谐的关系，即便这需要相当多的自我控制。但是，所需要的自我控制并不像传统的道德家假装的那样，仅仅包括抑制每一次出轨的冲动，控制嫉妒、暴躁、专横等冲动也同样重要。毫无疑问，父母之间的激烈争吵是儿童神经紊乱一个很常见的原因，因此，应当采取一切措施来防止这种争吵。同时，如果一方或双方缺乏足够的自我控制，无法阻止孩子了解分歧的存在，那么最好还是解除婚姻。从孩子的视角看，解除婚姻并不是最糟糕的事情，更糟糕的事情还有抬高的嗓门、激烈的指控甚至暴力的场面，许多孩子在糟糕的家庭中经常面临这些场景。

我们绝不能认为，那些在陈旧严苛的约束性准则之下成长起来的年轻人或青少年，只需要随意地发泄道德家施加给他们的破坏性冲动，就可以立即实现理智的倡导者所渴望的更多的自由。这是一个必不可少的阶段，否则他们就会把孩子培养得像以前一样糟糕，但这仅仅是其中的一个阶段。理智的自由必须从小就学会，否则唯一可能的自由将是轻浮的、肤浅的自由，而不是具有完整人格的自由。琐碎的冲动会导致身体上的放纵，但精神仍然被束缚。相比于加尔文主义的原罪信仰所启发的教育，从一开始就正确地培养本能会产生更好的结果。但是，如果这里所说的教育被允许发挥它的邪恶作用，那么就很难在以后的岁月中消除它的影响。精神分析给世界带来的最重要的贡献之一，是它发现了禁令和威胁对儿童的不良影响，要消除这些影响，可能需要精神分析治疗的全部时间和技巧。这不仅适用于遭受过明显伤害的神经症患者，也适用于大多数看起来正常的人。我相信，那些在早年接受过传统教育的人，十有八九在某种程度上无法对婚姻和性爱持有一种体面而理智的态度。在这种人身上不可能出现我认为的最好的态度和行为，我们能做的最好的事情，就是让他们意识到他们所受的伤害，并说服他们不要以同样的方式伤害他们的孩子。

我要宣扬的并不是纵欲的学说，纵欲所涉及的自我控制几乎与传统教义相等。但自我控制将更多地应用于避免干涉他人的自由，而不是限制自己的自由。我认为，如果从一开始就接受正确的教育，会更容易尊重他人的个性和自由。但是，有些人从小就相信，他们有权利以美德的名义否决他人的行为，要让他们放弃这种令人愉悦的迫害方式，是很困难的，甚至是不可能的。但如果一个人最开始没有受到那么严格的道德约束，这就并不是不可能的。美好婚姻的本质是尊重彼此的个性，这种个性与身体、心理和精神上的亲密接触联系在一起，它使得男女之间的严肃爱情成为所有人类经验中最卓有成效的一种。就像所有伟大而宝贵的东西，这种爱需要自己的道德，而且经常需要牺牲小我，成就大我，但这种牺牲必须是自愿的，否则，它将违背牺牲的本意，破坏爱的基础。

罗素和《婚姻与爱情》[1]

1

1940年2月24日，纽约的报纸上刊登了一则消息：举世闻名的哲学家伯特兰·罗素将担任纽约城市学院哲学教授。此消息一出，媒体上出现了大量反对该聘任决定的言论，声称罗素是"一个专门为私通进行辩护的人"和"男女乱交的鼓吹者"，曾向学生灌输"放荡生活的自由规则"。一名家庭主妇甚至向纽约州最高法院递交了一份诉状，要求撤销该聘任决定。她担心，罗素讲授的课程将给该校学生带来危险，影响他们的身心健康和道德观念。

结果，纽约州最高法院不仅接受了该诉状，还判定原告胜诉，责令校方撤销聘任罗素的决定。主审法官提供的证据之一，就是罗素在《婚姻与爱情》中写下的一段话：

> 我认为，在没有性经验的情况下，无论是男人还是女人都不应该为了生孩子而结婚。（见第124页）

---

[1] 编者注：本文内容主要参考［英］伯特兰·罗素《罗素自传（第二卷）》，陈启伟译，商务印书馆2015年版；［英］瑞·蒙克《罗素传：孤独的精神1872—1921》，严忠志、欧阳亚丽译，浙江大学出版社2015年版；［英］瑞·蒙克《罗素传：疯狂的幽灵1921—1970》，严忠志、欧阳亚丽译，浙江大学出版社2016年版。

这件事发生后，罗素不仅丢掉了原先在加州大学洛杉矶分校的教职，还被迫取消了原定于当年夏天举行的巡回讲座。在自传中，罗素说当时"没有哪家报纸或杂志发表我写的任何东西。一夜之间，我被剥夺了所有赚钱谋生的手段"。可以说，这本书对罗素造成了极其负面的影响。

四十八岁的罗素（摄于1920年）

　　然而，十年后的1950年，被美国媒体大肆谴责的罗素却获得了诺贝尔文学奖，官方给出的获奖理由是"他撰写了多种多样的重要著述，倡导人道主义理想和思想自由"。尽管颁奖词并未提及任何具体的作品，但在自传中罗素相信自己能获得诺贝尔奖就是因为《婚姻与爱情》。毫无疑问，这本书在他的所有作品中具有举足轻重的地位。

那么，身为哲学家的罗素为什么要写《婚姻与爱情》？他是否真的如同纽约的媒体所声称的那样在赞美"夫妻不忠"？他本人的婚姻与爱情，是否真的和他在书中所说的一致？

2

　　《婚姻与爱情》于1929年首次出版，当时的罗素已经五十七岁了。据他自述，这本书是他患百日咳病愈后口述而成。然而，除了生理上的不断衰弱，他与第二任妻子多拉·布莱克的婚姻也出现了不小的问题。

罗素和多拉·布莱克（摄于1922年）

罗素和多拉初识于1916年。当时，二十二岁的多拉正在伦敦大学学院学习法国文学，她思想激进，崇尚自由恋爱，对传统的婚姻观念嗤之以鼻。当罗素问她"在这个世界上最向往什么"时，多拉直言不讳地说自己希望结婚生子。这令当时的罗素印象深刻，他在自传里这么写道："在此之前，我从未想到有任何一个聪明的年轻女子会坦白说出这么简单的一种愿望，我由此推断，她一定是极其真诚的。"

两人的下一次相遇，已经是三年之后了。经过一个暑假的相处，两人此时已经相恋。他们早上一起工作，下午散步、划船，同时，他们都秉持着自由主义风格的人生态度，绝不干涉对方的自由。然而，当谈到结婚的问题时，多拉却犹豫了——她确实想要孩子，但不希望为了孩子而结婚。

她曾给罗素写信说："我非常讨厌这种陈旧的婚姻制度……这些东西让你念念不忘，阻碍你获得真正的自由。"罗素则希望和多拉结婚后再生儿育女，他想要的是合法的子女，而不是非婚生子女。

两人在是否结婚的问题上产生争执。最终，多拉还是接受了罗素的求婚，她略带遗憾地说："我本来希望依赖我们两人之间的感情……以及我们的忠诚和我们明确对待感情的能力……而不是依赖那约束双方的契约和婚姻誓词。"

而这样的分歧，也为日后两人的婚姻生活留下了阴影。

3

1921年9月，两人在伦敦登记结婚。同年11月6日，多拉生下了他们的第一个孩子约翰。1923年12月29日，第二个孩子凯特降生。罗素在自传中如此描述自己当爸爸的心情："我的第一个孩子出生，我才有一种被压抑的情感得到极大解放的感觉，在之后的十年中我的主要目标就是做好父亲。"

罗素和他的两个孩子约翰与凯特

为了做好一名父亲，罗素的想法很纯粹：尽一切可能为孩子提供最好的教育。一方面，为了维持家庭开支，他不得不停下哲学相关的研究，转而撰写通俗读物和政论文章，赴美旅行演讲；另一方面，罗素和多拉都不希望孩子们在学校接受传统的教育，然而聘请私人导师又会让孩子们忍受孤独的痛苦。因此，他们决定建立一所属于他们自己的学校，实施自己的教育理念。

然而，在对待婚姻和爱情的态度上，罗素和多拉的分歧却越来越大。尽管两人都认为婚姻可以超越一夫一妻制，但多拉追求的是不受婚姻约束的、彻底的性自由，"婚姻不忠"对她来说不应该是一个问题；而罗素只是反对传统的性道德观念——那种建立在基督教禁欲主义之上的、对性冲动的控制和压抑。至于"性自由"，罗素的态度更多是谨慎，而非鼓励。

这种理念上的差异，正对应了罗素和多拉在现实生活中的婚姻状态。当时，两人都发生了婚外恋情。多拉希望贯彻一直以来推崇的"开放式婚姻"，建议两人和彼此的情人住在一起，大家共同克服造成障碍的"愚蠢的嫉妒"，和传统的婚姻观念斗争到底，但罗素希望两人放弃彼此的情人。他在信中写道："如果这样的婚外情不结束，我们不可能有幸福可言……我希望，我们两人没有被情人所困。""如果我们回到只有我们两人的状态，我肯定会快乐一些。"

争论的结果并未如罗素所愿。多拉在公开演讲中继续宣传她的新婚姻观，并强调"整个婚姻制度都是男人设计的，目的是保护他们自己，以便让他们确认自己是孩子的父亲"。在美国期间，她有了新的情人，后来又和他一起去法国度假。她坚信，爱情不必局限于一夫一妻的婚姻，自己对罗素的爱并没有减少，并固执地认为罗素也是这么认为的。

可事实上，这一切只会让罗素觉得她已经不再关心自己，而他对多拉的爱也已经越来越淡。两人的婚姻正处于崩溃边缘。

4

正是在这种状态下，罗素开始着手写作《婚姻与爱情》。

与美国媒体宣称的本书在赞美"婚姻不忠""男女乱交"相反，罗素真正关心的，其实是如何在不压抑性本能的同时，仍然能维系婚姻中的伴侣关系，从而实现生儿育女的合作。

六十四岁的罗素（摄于1936年）

在罗素看来，"婚姻的真正目的是孩子，而不是性交，因此，在有希望生孩子之前，婚姻不应该被视为圆满的"。（见第125页）"孩子是婚姻的目的，让人们坚持一段没有孩子的婚姻是残忍的欺骗"。（见第175页）

因此，当有孩子的婚姻中出现了不忠行为时，罗素并没有像多拉认可的那样支持性自由，而是认为夫妻双方应当为了孩子的健康发展，竭尽全力维持彼此之间的和谐关系：

> 对于没有孩子的婚姻，哪怕夫妻双方都尽可能地循规蹈矩，离婚也可能是一种正确的解决方案；但对于有孩子的婚姻，我认为婚姻的稳定性是非常重要的……婚姻如果从热烈的爱情开始，并且孕育了双方都渴望和珍视的孩子，那么它应该在男人和女人之间产生非常深刻的联系，哪怕性欲已经消退，哪怕一方或者双方都对别人产生性欲，他们都会在对方的陪伴中感受到极其珍贵的东西。（见第110—111页）

> 如果一个孩子已经习惯了与双亲生活在一起，并且他对双亲都产生了依恋感，那么父母的离婚就会摧毁他所有的安全感。在这种情况下，他很有可能患上恐惧症和其他神经紊乱。当一个孩子对父母双方都产生了依恋感，父母若要离婚，需要承担很重大的责任。（见第149—150页）

> 婚姻应该是一种双方都希望维持的伙伴关系，至少持续

到孩子的青年时期，任何一方都不应该认为婚姻受支配于短暂的秘密恋情。（见第175页）

在现实中，罗素的确在试图容忍多拉的婚外情，即使他意识到自己其实无法控制嫉妒的本能。当罗素收到多拉的信件，得知她怀上了情人的孩子时，并没有选择立即离婚——正如书中列出的理由，他认为这么做将会让孩子们"神经紊乱"。他也没有选择让多拉堕胎——因为多拉想要保住孩子，坚持让她堕胎只会让夫妻的关系越来越糟。最终，他选择了接受现实，和多拉一起承担抚养孩子的义务。

然而，罗素越来越意识到，嫉妒或许是无法被克服的，也不应该去克服。在继续经历挣扎而痛苦的几年婚姻生活后，罗素终于在1934年和多拉离婚。后来，罗素不止一次表达了对当时没有选择离婚的后悔。

5

《婚姻与爱情》常常被误解为一部宣扬"性解放""性自由"的作品，或许正是这个原因，它成为罗素生前最畅销的作品之一。然而，无论是从本书的内容还是罗素本人的经历中，我们都不难发现，罗素并没有呼吁人们去释放被传统性道德压抑的那种冲动，反而告诫人们要学会控制婚姻中的嫉妒：

嫉妒妨碍了婚姻的成熟。虽然嫉妒是一种本能的情感，但只要认识到嫉妒是有害的，不应该把它视为道德义愤的表达，那么我们就可以控制它。一段历经岁月、同甘共苦的情谊，蕴含着丰富的价值，无论恋爱的初体验多么甜蜜，都无法与之相比。任何懂得时间可以提升价值的人，都不会为了新的爱情而轻易地抛弃这样的情谊。（见第111页）

这不仅仅是作为一名哲学家的罗素对于婚姻现象的抽象思考，更是作为一位丈夫的罗素对于自身体验的总结和反思。当自己被困在不幸福的婚姻中时，他没有让愤怒和嫉妒吞噬自己，而是试图去控制它们。因此在《婚姻与爱情》中，罗素不仅向世人传达自己前卫的婚姻观，更是给自己提出了极高的道德要求——尽管后者很容易被前者掩盖。

需要指出的是，由于时代的局限性，以及罗素本人的偏见，书中包含了一些性别歧视和种族主义的观点——尽管这些观点在20世纪20年代可能非常普遍。但抛开这些糟粕，当今天的人们重新阅读这本百年前的书时，依旧会为罗素通俗生动的文字、科学严谨的分析、发人省醒的哲思所折服。尤其是书中对性道德起源的分析、婚姻和爱情本质的思考、家庭中亲子关系的探讨，以及对未来婚姻模式的预言，能够给每一个想要认真思考爱与婚姻的人以深刻的启示。

八十五岁的罗素（摄于1957年）

1940年3月19日，爱因斯坦为了给罗素的聘任辩护，给纽约城市学院的荣誉退休教授莫里斯·拉斐尔·科恩（Morris Raphael Cohen）写了一封信。在信中，他这样说道：

> 伟大灵魂总是遭到平庸头脑的强烈反对。平庸头脑永远无法理解这样一个拒绝向传统偏见盲目低头，并选择勇敢且诚实地表达自己观点的人。

欢迎您从《婚姻与爱情：专家伴读版》走进读客三个圈经典社科文库

亲爱的读者，感谢您选择读客三个圈经典社科文库。

文库收录政治学、心理学、社会学等社科领域名家名著，汇聚人类文明进程中的重大议题——

▽ 马基雅维利《君主论》：道德和政治之间有什么关系？

▽ 罗素《婚姻与爱情》：婚姻一定是爱情的坟墓吗？

▽ 弗雷泽《金枝》：人类的思维是如何发展和进化的？

▽ 弗洛伊德《梦的解析》：我们做的梦有什么含义？

▽ 阿德勒《自卑与超越》：自卑怎么办？

…………

针对经典社科啃不动、读不懂等问题，推出三个圈专家伴读版！

文库里的每一本书，都会邀请知名专家学者，定制专家伴读，解析创作背景、厘清重要概念、勘误过时观点，伴您从头读到尾！

我们的封面统一使用"三个圈"的设计，读者可以凭借封面上清晰明了的"三个圈"找到我们，探索那些曾经改变人类文明的伟大思想。

啃透社科经典，就读三个圈专家伴读版！